教育經典叢書

什麼是教育

Was ist Erziehung?

[德] 卡爾·雅斯貝爾斯　著

童可依　譯

中華教育

目 錄

1 / 教育作為必不可少的基本關係

　　作為教育者，漠視學生的處境和心靈，自視優越、有權力，不與學生平等相處，更不向學生敞開心扉，這樣的教育者所制訂的計劃必定是以自我為中心的。教育關係在人類此在中（因年齡、教養、素質而異）不可或缺。某種形式的愛能在教育關係中發揮至關重要的作用，但若沒有愛的滋養，教育同樣能在機械、蒼白、了無生氣的活動中完成。愛的理解是提升師生雙方價值的因素，但如今，教育已不是實現愛的途徑，它只會立刻阻斷愛的交流；只有保持無盡的追問和開放態度，以謙和的目光看待他人，愛才有可能實現。一個自認受過教育的人，卻感到自己真實的情感受到了欺騙。（PW 128 f.）[1]

　　生活對於年輕學生來說更顯嚴峻，對他來說，此時此刻比往後的歲月更具有決定性意義，他感到自己仍然可塑，充滿可能性。他意識到，要成為更好的人，完全取決於自身，取決於日常的生活方式、生命的每一瞬間以及

---

[1]　雅斯貝爾斯關於教育的論述，分散在他的多部著作中。本書依德文版標明具體出處，方便有興趣的讀者按圖索驥。格式如下：PW 128 f.，APs 669，等等。PW 是 *Psychologie der Weltanschauungen* 的縮寫，APs 是 *Allgemeine Psychopathologie* 的縮寫，其後數字表示原書頁碼。其餘縮寫參照書後「文獻縮寫對照表」。——譯註

靈魂的每一次衝動。年輕人都渴望接受教育，或是跟從良師，或是自我教育，或是與人格平等的人進行熱烈而充滿友愛的交流。(Idee III, 63; ähnl. II, 39)

教育作為一種特殊行為，與訓練、照料、控制等都不同。

一、訓練與交流的區別

人有三重內稟抵抗力。第一重抵抗力本質上無法改變，只能外在地型塑；第二重抵抗力是一種內在的可塑性；第三重抵抗力則是人的原初自我存在。與此相應，教育亦有三種方式：第一種類似於動物的訓練，第二種是教育和規訓，第三種是存在之交流。每個人都會在自身中遭遇這三重抵抗力，都需經過自我訓練、自我教育，並與自身保持澄明的對話。若是涉及與他人的交流，那麼在第一種方式（訓練）中，人是純粹的客體；在第二種方式（教育）中，人在相對開放但保持一定距離的交流中完成一種有規劃的、有教養的活動；在第三種方式中，人使自己與他人命運相連，處於一種完全敞開、相互平等的關係中。訓練是一種與心靈相隔膜的活動；教育服務於精神內涵；而存在之交流則是相互照亮，這種關係的核心是歷史性的，它並不意味着在特別情境中普遍適用的洞察力；這種關係越真實，就越不會淪為人們可利用的治療手段。(APs 669)

二、教育與製造、塑造、照料和控制的區別

面向世界採取積極行動有幾個步驟：

1. 製造 是從物質材料中產出，它是理性可預計的、機械的。比如製造工具和器皿、建造房屋、構建組織。製造的意義是帶來有用的東西。

預測 是根據一般認知和計算（不同於先知預言）洞見即將發生的事情。事情的發生是檢驗預測的標準。

塑造 是創造具有某種形式的作品，它是不可預計的、無止境的。它的語言是創造者的語言，它使物的語言變得可理解。

2. 照料與栽培 是面向生命的行為，我們傾聽生命的律動，是為了在持續不斷的叩問中獲知生命的答案。園丁的經驗、知識和感覺是不可計量的，它們在人類生活中扮演著重要角色。當這類經驗過程，在現代世界中逐漸淪為近乎機械的「製造」，生命便會日漸枯萎，變得無節制、晦暗不明而簡單粗俗。

3. 教育 是在人與人（尤其是年長者與年輕一代）的交往中，通過知識內容的傳授、生命內涵的分享以及行為舉止的規範，將傳統交給年輕人，使他們在其中成長，舒展自由的天性。因此，教育的原則是使人在一切現存的文化滋養中走向本源、真實與根基，而不是只滿足於獲取平庸的知識——清晰界定的能力、語言與記憶內容不在此列。真正的教育不提倡死記硬背，但也不能期望每個人都成為

富有真知灼見的思想家。教育的過程是讓受教育者在實踐中自我操練、自我學習和成長。這種實踐的特徵是遊戲和探索。這樣，手工課以勞作方式培養學生的靈巧性；體育課提升學生的身體表現，並以身體的健美來彰顯生命活力；演講與討論培養思維的敏銳、言語的清晰與條理、表達的嚴格與簡潔、聚焦論題時的周全考慮與自我約束，以及在觀點交鋒時仍然保持互動的能力。對偉大作品（荷馬史詩、《聖經》、埃斯庫羅斯以及其他希臘悲劇家的作品、莎士比亞與歌德的作品）的闡釋有助於學生從精神上把握原初內涵；而使學生接觸歷史圖景（包括歷史中的榜樣與反面形象），能使他們理解崇尚虔敬的古代歷史觀、召喚崇高目標的啟蒙歷史觀，以及塑造現實感的批判歷史觀。自然科學基本方法的練習則包括形態學、數學作圖與實驗。

一切教育的關鍵在於教學內容的選擇，以及將學生引向事物本源的方式。教育關注的是，如何調動並實現人的潛能，如何使內在靈性與可能性充分地生成，換言之，教育是人的靈魂的教育，而非理智知識和認識的堆集。正是通過教育，人們出於天資或是決心而成為貴族或大眾。一個人若只是將自己局限於純粹的知識，即使他學識出眾，他的靈魂也是不健全的。對精神內涵懷有熱切渴望的人也會學習、求知，但學習和知識對他來說只是第二位的。教育只是強迫學習，這種觀念常常佔據主流地位。因為人們相信，學識會在日後為學習者的靈魂注入生氣，並使他逐漸接近知識背後的精神內涵。即便學習者一時未能理解他

所獲得的知識，有朝一日他終會理解。就如人們初讀路德的宗教小冊子時未解其深意，但久而久之，耳濡目染，便也不知不覺地接受了信仰內容。然而，這種對強迫的盲目信任只不過是自欺欺人。只有導向自我克服的強迫才會對教育產生作用，其他任何一種外在強迫都不具有教育作用，反而只會將學生導向對世俗的實用。在學習中，唯有被靈魂接納的事物才能成為自身的財富，其他的一切都仍停留在心靈之外，無法獲得真正的理解。它導致謬誤的洪流，後者通過歷史而在人類存在中穿行，並借助文字、書籍和學校發展壯大。

4. 控制　是針對自然與人而言的。控制的方法是在與他者完全疏離的情況下，將自己的意志強加於他者。

控制不是**創造**。控制事實上不產出任何事物，而是用力量對抗力量，以一方擊敗另一方，並有計劃地使這些力量相互作用。

控制不是**愛**。控制發生在人與人心靈無交流的距離中，控制者並不對被控制者負責，他只是使用詭計，混淆「義務」與「服從」的概念，他以無條件的聯結取代愛，沒有這種聯結，一切控制都是不可能的，他使被控制者盲目相信所謂對他來說最好的事物，以此取代真誠的交流。

在與自然的關係中不存在這些問題，儘管自然也可能受到某種威脅，不過，對自然的控制可能並非是無節制的，而是出於良心的準則。

但人與人之間的控制是一個嚴峻的問題。（W 364 f.）

2 / 教育的基本類型

一、經院式教育、師徒式教育與蘇格拉底式教育

如果不考慮社會和歷史因素，那麼教育有如下三種可能的基本類型。

1. 經院式教育 這種教育僅限於「傳遞」(tradere)。教師的職責只是照本宣科，其本人稱不上是富有活力的研究者。一切知識已被系統化。某些作家和書籍被奉為權威。而教師的角色是非個性化的，他只是一個傳聲筒。教材內容已被條條框框限定。在中世紀，教師以口授和評講的方式教學。口授的方式如今已不再被採用，因為它完全可以用書本替代。但其內涵還是留存了下來。學生委身於一個可為其提供庇護的整體，但不聽命於任何一個特定的人。知識已被固化。人們普遍懷有這樣一種想法：去學校就是學習固定的知識，掌握現成的結論，「將白紙黑字帶回家」。—— 這種經院式教育是西方理性主義傳統不可或缺的基礎。

2. 師徒式教育 在這種教育中，舉足輕重的不是非個性化的傳統，而是一種獨一無二的個性力量。學生對教師的敬愛帶有服從的色彩。這種服從的距離，不只是源於等級和代際差別，而是本質性的。教師人格的權威具有神奇的力量。這種力量滿足了人們順服他人而放棄自身責任的

需要，使人在一種聯結中獲得依附的輕鬆感，增強自我意識，實現自己力所不能及的嚴格教育。(Idee III, 84; ähnl. II, 47 f.)

3. 蘇格拉底式教育　在這種教育中，教師與學生處於同等地位。雙方都追求自由的思考。沒有固定的教學方式，只有無盡的追問與對絕對真理的無知。由此，個人的責任被最大程度地喚起，並且絲毫不會鬆懈。這是蘇格拉底「助產式」的教學方式，即喚醒學生的內在潛力，促使學生自其內部產生一股自發的力量，而不是自外施加壓力。在此過程中發揮作用的，不是以某種特殊方式呈現的偶然的、經驗性的個體（Individuum），而是在無止境的探索中實現的自我（Selbst）。蘇格拉底式的教師一貫抵制學生將其視為權威的願望，他使學生的注意力從教師身上轉向自身，而他自己則藏匿於自相矛盾的假面之後，變得不可捉摸。教師與學生之間是充滿善意的切磋琢磨，在這種關係中沒有屈從和依賴。教師明白自己也不過是凡人，並告誡學生不要把凡人當作神靈。

這三種教育都要求學生懷有敬畏之心。在經院式教育中，這種敬畏的核心是社會等級制度中的傳統；在師徒式教育中，學生敬畏的是教師的個人人格；而在蘇格拉底式教育中，學生對無限精神的理念懷有敬畏之心，在這種精神中，人必須在超越性面前以自身的責任生存。(Idee III, 85)

二、作為教師的蘇格拉底

克爾凱郭爾最先找到了理解蘇格拉底的原初性入口。在現代世界中，他是至今對蘇格拉底理解最深刻的人。蘇格拉底的教育包括反諷和助產術，他是啟發人們探索真理的引領者，而非傳遞真理的中介人。(GP 122 f.)

誰若體驗過蘇格拉底式教育，他的思維方式便會改變。(GP 125)

當今世界的不合理現象，無論是在民主政體、貴族政體還是專制政體中，都無法通過重大的政治行為來消除。改善社會的先決條件是每個人都接受教育，以便能自我教育。教師要喚醒人的潛在本質，使他在認識世界的同時認識自我，在學習知識的同時探索道德。一個正直的人，同時也一定會是正直的公民。(GP 107)

每個人都有神聖的潛能，因此，蘇格拉底總是將他人與自己置於平等的地位。他不喜歡門徒制。他甚至總是借助自嘲來掩飾自己優越的天性。(GP 127)

蘇格拉底從不給學生現成的答案，而是讓學生自己通過探索得到答案。他使那些自以為是的人意識到自己的無知，進而發現真知，也引導人們從內心深處發現那些尚未被自己意識到但實際已經擁有的認知。因此可以說，真知必須從每個人自身中獲得，它無法像一件貨物那樣被轉運，它只能被喚醒，就像重新回憶起彷彿很久以前便曾知道的東西。(GP 109)

蘇格拉底最值得我們深思的獨特之處是：他會毫不留情地批判謬誤，對自己亦有最嚴格的審視，他堅持真、善與理性。這是一位思想家義不容辭的職責。蘇格拉底不知何為神明，但談的卻是神明之事。無論世界怎樣變化，他始終堅持這一原則。（GP 111）

這就是蘇格拉底的虔誠。首先，他始終相信真理會在不斷發問中顯現；真誠地認識到自己的無知，便不是真的無知，相反，在這種認識中會產生決定生命意義的知識。其次，蘇格拉底的虔誠表現在他對城邦眾神明的信仰中。最後，蘇格拉底的虔誠也表現在對守護神的敬意裏。（GP 108）

受過蘇格拉底影響的人，都會經過思考而變成另外一個人。這種思考使人在與「道」的結合中仍然保持獨立。在思考中，人們獲得了自身發展的最高可能性，但也可能陷入虛無。唯有當思考孕育着即將成為現實而超乎思考本身的事物時，思想才成其為真理。（GP 121）

三、對話是通向真理與自我認識的途徑

對話是通向真理的途徑。（GP 263）

對話 蘇格拉底式對話是他生活的根本事實：他經常與手工藝人、政治家、藝術家、智者和妓女探討問題，他像很多雅典人一樣在街頭、集市、運動場和餐宴上消磨時光。這是一種與所有人對話的生活。但這種對話對於雅

典人而言是新鮮而不同尋常的：一種使靈魂深處激動不安的、難以抗拒的對話。如果說對話是自由不羈的雅典人的生活方式，那麼作為蘇格拉底哲學媒介的對話就有所不同了。唯有在人與人的交流中，真理才可能敞開，這是真理的本性。為了追求真理，蘇格拉底需要羣眾，而且他相信羣眾也需要他，尤其是青年。因此，蘇格拉底決心投身青年的教育事業。

蘇格拉底主張，教育不是有知者引領無知者，而是人們攜手走向自我，從而使真理向他們敞開。師生互相幫助，互相促進，在似是而非的自我理解中發現困難，在迷惑不解中迫使自己思考，不斷追問且不迴避作答，並且明確如下基本認知，即真理是維繫人們精神信仰的紐帶。蘇格拉底去世後興起的對話式散文創作，依據的就是這一道理，柏拉圖是這類創作的大師。（GP 106 f.）

洞見產生於一籌莫展的「思」之痛苦。《枚農篇》中有這樣一個例子：有一個奴隸，最初對一道數學題的解法胸有成竹，但經過反覆提問和質詢後，陷入了進退維谷的窘境，從而猛然意識到自己的可笑和無知，經過進一步追問，他頓然領悟到正確的答案。這一實例說明，對話形式有助於辨明真理。對話者並不知道真理在何處，然而真理其實已經在那裏。他們圍着真理打轉，最終得到真理的指引。（GP 108 f.）

對話是思想自身的實現。（GP 263）

當對話以人類及其處境為內容時，人們便可以在對話中發現所思之物的邏輯與存在的意義。（GP 265）

四、反諷與間接傳達

反諷與遊戲　倘若蘇格拉底式反諷是以直接的方式表達出來的，那它就不必存在了。要體會反諷中的言外之意，除了訓練理性思維，培養哲學敏感性也是必要的。在反諷的多重面向中，迷惑與真理相互交織，真理只是對那些正確理解它的人才成為真理，這種意義的模糊性不斷誘導誤解。在這一點上，柏拉圖的本意似乎是：那些沒有理解力的人，就讓他們誤解吧。在反諷的詼諧中常常暗含着一種激情。理性無法抵達之處，便不能強求以理性的推理獲得正確的答案。反諷的深層意涵是對本然真理的關切，它使我們避開歪曲真理的錯誤，這種歪曲往往以客觀的知識、作品與形式呈現，它們看似精妙絕倫，但一旦我們將其視為絕對，它們也便失去了真實性。（GP 267）

反諷是對本源內涵的真確表達。面對理性話語的單義性與表象的歧義叢生，反諷以喚醒而非直接言說的方式觸及真理。哲學式的反諷企圖透露隱匿的真理的跡象，而虛無主義式的反諷不過是油嘴滑舌，毫無意義可言。有意義的反諷希望在眾多複雜的表象中，真實揭示不可言說的實情真相；相反，無意義的反諷只會在複雜的表象中墜入虛無的深淵。哲學式的反諷以直接性為恥，因為輕而易舉獲

得的絕非真理，甚至可能是徹底的謬誤。

　　上述這一切都能在柏拉圖的對話錄中找到。我們可以看到，反諷分為三個層次。首先，蘇格拉底對話中的反諷在他明顯錯誤的、令人迷惑的、或溫和或激烈的言辭中清晰可見。更高層次的反諷是蘇格拉底的基本態度，讓人獲得「無知之知」，即讓人對自己的無知有所認識。第三個層次的反諷是，柏拉圖創造了一種普遍懸置的氛圍，在這種氛圍中，一切現成事物都變得絕對地模稜兩可。唯有在這種模稜兩可中，在純然反諷的氛圍中，存在的核心才會自我顯現：凡不是以這種方式去偽存真獲致的，都不是真知。思與神話都不過是向存在之名（der Name des Seins）自行隱匿之處拋出繩索。言說的哲學只是在可能性中一路行進。它是嚴肅的，但不是那種自以為擁有真理的教條主義者道貌岸然的嚴肅，也不是虛無主義者令人生厭的嚴肅，而是一種本質上自由的、可以自稱為遊戲的快樂的嚴肅。（GP 267 f.）

五、教育作為轉向的藝術

　　轉向　人類的洞見往往與一種內在轉向（metastrope, periagoge）相關。它並不來源於外在的給予，也不發生在目力所及的感官層次。相反，正如眼睛在眼窩中的轉動總是伴隨着整個身體的活動，知識也必須跟隨整個心靈從「生成」（Werden）的領域轉向「存在」（Sein）的領域。教育

（paideia）是引導人們轉向的藝術。由於教育具有這一神聖本源，在它隱祕的力量中始終蘊藏着理性洞見的財富。但教育唯有通過令人轉向才能實現對人生的拯救，否則，這筆財富將會失去效用。（GP 275 f.）

六、教育作為習慣的生成

習慣 習慣源自不斷的重複。人的習慣似乎是在不知不覺的無意識中形成的，但這種無意識是一度在困境中以清醒的意識行事的結果。我們生活在已成為我們習慣的過去之中。習慣是我們存在的基礎。沒有習慣作為底蘊，我們的精神將寸步難行。當下無意識的思想關聯承接着有意識的思想。習慣是道德的載體。習慣具有兩種可能性：

一種可能是，習慣作為基礎服務於我們，其內容隨時可被我們把握。同時，習慣的內容還是我們賴以生存的指南和知識。習慣的形式只是保障了實際需要的事物。習慣並不具有支配性，相反，它處於附屬地位。

另一種可能是，習慣既鞏固傳統也削弱傳統。傳統的內涵自身並不能推動人類前進，而只有積澱下來的習慣才具有這一作用。人們在平靜的生活中保持着習慣，似乎不必過問其意義。但那不過是自欺欺人。一旦遇到根本性的衝突，習慣的內容便被暴露在日光之下，毫無反抗能力。靜止的習慣陷入了困頓，其意義也不再具有生命力。人們在單純的習慣中喪失自身。

然而，習慣仍是維持思想連續性的必要途徑。人不可能每時每刻都生活在新創造的環境中。因此，許多習慣就作為決策的規則、習俗的形式、行為和態度而約定俗成，成為人們的生活方式。教育、家庭教養和職業行規使人類社會成為可能，沒有它們，社會將無所依持。儘管在危急時刻，這些形式都不是絕對不可摧毀的。但是，在思想中卻要保護這些形式免於遭受破壞。輕鬆自如地沿襲這些形式，使習慣成為我們的第二自然，將賦予共同體以歷史的基調與可靠的凝聚力。在 1812 年的莫斯科撤退中，司湯達仍然沒有放棄每天早晨刮鬍子的習慣。放任自流就是墮落。因此，作為形式的形式，作為紀律的紀律，即使它們仍然向最為異質的內涵開放，也依舊是有效權威的前提條件。（W 826 f.）

3 / 直接傳達與間接傳達

一、現行知識與原初知識的可教性差別

如果將知識分門別類，則可分為現行知識和原初知識。現行知識是關於如何擁有和使用某物的知識，原初知識則賦予現行知識以本義。這兩種知識的可教性與傳授性不同。數學、天文學、醫學知識以及手工藝知識，可以以簡單、直接的方式傳授給學生。但是，諸如真理的本源、正確性中所蘊涵的真理、可傳授的知識與整個生命的意義從何而來又往何處去，以及，那些關乎人之為人的標準，又如何是可傳達和可教的呢？

知識中的真理，允許對象以其可言說性和可定義性開闢道路，但不允許對象作為知識的最終形式出現，由此產生下述問題：真理是否可能以語言的形式呈現？它難道不會作為「無對象」而遁入不可言說之境嗎？然而，倘若真理擺脫了一切可交流性，它就不再是真理。如果真理收回了直接傳達，剩下的便只有拐彎抹角的間接傳達。柏拉圖將真理如何自身顯現的問題作為哲學的根本問題，然而他沒有對此作出最終的回答。純粹理論的洞見無法理解或解決這一問題。真理問題首先被柏拉圖視為觸動人心的問題，並在其極境中做出了理解和限定。（GP 259）

二、書面傳達與交際中的傳達

柏拉圖在《第七封信》中就真理的傳達問題提出了自己的看法:「與其他教學內容不同:事實上,語言無法把握真理,唯有長時間投注於對象的科學交往,在相應的生活團體中,真理才會突然出現在靈魂中,猶如一盞油燈被跳躍的火星點燃,並源源不斷地為自身提供燃料。」唯有在毫無保留的對話中——這種對話往往發生在團體中——未言說的與不可言說之物才會通過言語間接地傳達自身。它往往在一剎那閃現於人羣之中,而其基礎是持之以恆的、富於生活氣息的交往。(GP 259 f.)

柏拉圖對文字傳達的評價不高。因為文字恰恰不能傳達真實交往中共同的、交互的思考,以及真理閃現的瞬間。(GP 260)

本真的傳達唯有在人與人的交往中才能實現。它並非對任何人敞開,它只選擇那些善於接受的心靈;當邏各斯滲入接受者的心靈,他便有能力幫助自己,懂得何時應該慷慨陳詞,何時又該保持沉默。這樣的心靈會再次承擔起傳播真理種子的任務,而這是書寫傳達無法取代的。(GP 260)

書寫傳達僅對少數憑藉細微暗示便能發現真理的人有意義。它能喚起那些富有經驗的人的回憶。(GP 260)

柏拉圖像詩人那樣,將思想帶入了可能性的領域。這允許他懸置自己的觀點。但我們不應將哲學式的對話理解為不承擔義務的美學,相反,它講述的是對話者自我實現

的嚴肅體驗。因為對話是在思想的哲學形式中對真理的間接傳達。

對話的唯一目標是對真理進行思考。其過程首先是解放被理性緊緊束縛，但有着清晰發展脈絡的、終極的論斷，然後是對單純的理智判斷力產生懷疑，最後則是使理智判斷力在更高的源泉中臻於完備，接受真理的絕對性，體認其內涵與指引。（GP 262）

柏拉圖的對話通過描繪論辯雙方的成功與失敗、成功的條件，以及適用於任何時代的得體的形式，為那些願意真誠交流的人們提供了一面鏡子和一種教育。（GP 264）

接受辯駁的能力是通過教育獲得的，這是高尚境界的表徵；對於無法接受辯駁的人，哪怕是皇帝，我們也可以認為他是缺乏教養的，並對他的心靈嗤之以鼻。（GP 266）

三、傳達的形式與真理的形態

這顯然是一門技藝：如果傳達者沒有簡單地說出何為真理，而是通過其他途徑來傳達真理，那麼他必須倍加小心地尋找這種途徑。假如直接說出的內容被證明是錯誤的，但若要將一切都視為具有絕對價值，那麼便存在這樣一個問題，即它是否間接地說出了什麼，從而使真理與真理在這種傳達的媒介中彼此相遇。（N 402）

在直接傳達中，被說出的真理是以客體形式存在的，它可以脫離於思考者，以同一的形式傳遞。

而在間接傳達中，真理變得可感知，它在客體性媒介中顯示出它作為歷史之例外的主體性。這種真理與孕育它的思想者不可分離；它從來不是同一的，人們只能在變換的形式中感知它。真理在自我實現時發揮着喚醒靈魂的作用。（W 761）

　　我若是將某物作為一種恆定的內容、作為我的所思之物直接地說出來，它就會被任何人以同樣的方式理解和把握。在此，思想者本身無關緊要，重要的是所言之物。但若某一事物並不是人盡皆知，而只存在於思想者自身的存在中，那麼，唯有當思想者深深地投入其所思考的真理，並隨之轉變自身時，真理才能被傳達。這是他作為自由存在者的行為，他無法將真理視為全然與自身無關的內容。而他必須親身完成的行動，也無人能以言語告知他。在言說中，不可言說者只能借助直接的形象變得可感而明亮。（AuP 314）

4 / 可在有限範圍內計劃的教育

一、計劃的必要性與全盤計劃的危害

依據理性的判斷，我們可以分辨出如下兩種計劃之間深遠的區別：一種是在特定情境下不可或缺的具體安排，另一種是在一個無法企及的整體內進行全盤的計劃。與之相應，我們也能分辨出兩種活動，一種是在人類能力範圍內的自由施展，另一種則是虛構空間裏的狂熱行動。（AZM 383）

馬克思深信自己已掌握了歷史發展的全部知識，因此他認為對人類的全盤計劃是有意義的。在這個全盤計劃裏，人類的一切活動都與他所認為的歷史必然性相吻合。馬克思以其所謂的全部歷史知識作為全盤計劃的根基，並將全人類置於他的計劃之內。他不僅要為人類改變世界，還要改變人類自身。馬克思認為，這不是一個理智任意構想的計劃，而是歷史發展的必然性。（AZM 384）

科學知識的引導：

與馬克思主義的教條相反，科學研究的立場是伴隨知識的進步有計劃地引導事物的進展。科學認識日益為人們所運用，並在自由決定、多人合作、法律及自由政治的範圍內得以實現。

這看似容易。但是，當代人的計劃、組織和系統已大

大超越了應有的限度，它們滲透到整個人類存在的空間，將人緊緊攫住，逐漸扼殺人類的存在。

我們的整個此在是以有意義的計劃為基礎的。為了控制尼羅河或黃河這些川江大河以防止災害，並使它們有益於人類，就需要一套管理系統和組織工作。早在公元前幾千年便是如此。國家和管理機構就是在那時建立起來的。制訂這些計劃的原初意義是治理大自然以利於國計民生，國家制度正是實現此目標的工作組織方式。技術、企業管理和經濟知識使這些計劃成為可能。在過去的一個世紀裏，隨着知識與技能的進步，這類計劃得到了迅速的發展。由於此類計劃適應於事物的本性，因此各國對此都秉持一致的態度。今日所謂的機構也就是有意識、有組織的控制的總稱，它們是科技時代的產物。無論在哪裏，都有類似的現象。但其中也有一些根本的不同。

1. 計劃工作：工業革命及其大規模統治的世界，在任何地方都可能使人的功能性得到發展，但從中發展出了兩條道路，或成為服務於自身的工具，或任其自由發展。（AZM 385 f.）

2. 對於人類無法創造之物的計劃：人是無所不能的這一觀念極具誘惑力。人們希望最終能按照計劃創造出超人，無論是以生物學的方式，還是通過創造有利的生存條件。然而，這些計劃根本不可能實現，尤其是受到我們知識與能力的限制，它們只會在實際的嘗試中化為泡影。

（AZM 386 f.）

3. 對不可計劃之事的間接計劃：我們常常會遇到如下兩種情形，一種是只要具備足夠的知識，原則上就可以做出計劃的，另一種則是根本無法計劃的，二者之間似乎沒有嚴格的界限。凡是個人聽任自由意願所做的事，都是超出計劃限度的。但是，也可以提供一些條件，使個人的自主性更易施展。可以想像，對不可計劃之事仍可以做一番計劃，那就是創造一個讓它得以自由實現的空間。就對待動物而言，我們不僅飼養牠們，還要照顧牠們。那麼對於人類，則需要教育。但真正的教育根本上仰賴那些不斷自我教育的教育家。他們在與他人的交往中持續地付出和傾聽，恪守自己的理想與喚醒他人的信念，通過在傳統中學習和實踐而找到一條未被限定的道路。對教育的計劃，僅可在狹窄的範圍內進行；一旦越過了界限，隨之而來的或是嚴格的訓練，或是雜亂的知識，而這些都與教育的初衷背道而馳。

教育學與政治引導的重要任務之一是設置傳授精神傳統的機構。這是對不可計劃之事的操持。人們總是期望借助設立這樣的教育機構來阻止教育計劃逾越最初設定的範圍。但是，正是這類教育機構使人們面臨着違背初衷的危險。

人們依靠理解力來制訂計劃。理性賦予計劃以意義，這種意義是個別計劃目標無法窮盡的，同時，理性對計

劃的界限也十分清楚。缺乏目標的計劃只會失敗。計劃無法取代理性的位置。對手頭的事情放任自流，是計劃得太少；但若想接管一切人類事務，就是計劃得太多。

4. 全盤的科學的計劃：現代科技思想以科學研究為基礎，意圖將事物的發展控制在所希望的方向上。這與馬克思通過整體知識來把握事物的發展方向有所不同。歷史、社會、政治研究，統計、對比、理念類型建構、意見調查，等等，都能為制訂計劃提供方向。

人們渴望發現人類行為與歷史進程的法則，並依據這類知識來控制事物的發展，使其變得與自然現象一樣有規律。人們寄希望於心理學和社會學知識，認為一旦這些知識得到普及，就能被用於上述目的。（AZM 387）

每一個計劃都凝聚着理解力的作用。但如果我們想把作為理性行為的對自由的決斷納入計劃之中，那便是超出了理解力的範圍。如果在過度的計劃中，假想的科學指引取代向理性之自由的轉向，那麼災難就會隨之而來。

人只能作為獨立的個體改變自身，由此或許可以喚醒其他人。但這一過程若有絲毫強迫之感，其效果就會消失殆盡。世界狀況的改觀有賴於理性在其範圍內以及個人在其影響力之內所能做到的程度。（AZM 388）

全盤的計劃——它將整個人類此在視為一個羣體組織——總是在人類理解力的有限視域內運作。它是對真正的人性的扼殺。以各種方式將我們的整個此在納入任何有

違本性的計劃之中，同樣是令人難以承受的。因為這些計劃並沒有將自身限制在真正可計劃的事物中，反而吞噬了屬於人的自由。（AZM 389）

二、轉變的必然性與不可計劃性

必然的轉變是不可計劃的。——具體可解的問題與人之轉變，情形迥然相異。前者不必觸及運用理解力的人本身；後者則要求人全身心投入。

不能將這種轉變作為目標來期許，但從中卻能生發出一種新的、有目的的意志。思維方式的革新只能在自由中誕生，它使所有的計劃從一開始便獲得了意義。因此，意圖使人類免於毀滅的計劃本身注定是徒勞的，儘管是經由理解力思考的。唯有在思想領域、在理性的自由中發生了某種變化，行動才可能帶來救贖，因為如今一切確定的計劃都源於某種超越了人類的得救或沉淪這一命題的東西引導。救贖只能先於一切計劃，但它是確定的計劃的依據。

由於轉變是不可計劃的，因此，將人的某種改變作為防止其墮落的手段，同樣是徒勞的。僅被當作手段的事物已不再是其自身。唯有將人引向其自身的、無目的的轉變，才能使人在內心對可能的沉淪有所準備，從而得到救贖。沒有人願意被當作工具，因為，就其本源而言，人渴望成為真正的人，而非異化的人。對極端情形的考慮，正如在今天可能發生的，會使另一種本源發揮作用，但卻無

法創造這一本源。

　　讓我們重申這一點：在我們的處境中，僅僅通過計劃來選擇自身的道路是行不通的。單純地制訂計劃本身已意味着選擇了沉淪的道路。另一點同樣重要。它來源於——或外在於——自由人的本源，即一種轉向新的行動意願的決定。一切計劃都取決於這一決定，但它本身卻是無法被計劃的。單純地制訂計劃是一種逃避；一種對真正重要的事物的逃避。這並不是說要放棄任何富有意義的可能的計劃，也不是說允許毫無計劃，而是說，那先於一切計劃而存在的事物，將塑造計劃的過程本身，事實上，它使計劃變得切實可行，既包羅萬象又井然有序。（AZM 321 f.）

　　終身反覆的轉變必然在個人身上留下印記。這不是一件可以盲目期待的事情。每一個為理性之光燭照的人都應不斷地將理性付諸實踐，尤其是在他與旁人的交流中。而那使他意識到自身之自由的超越性也將幫助他完成這一實踐。理性並非意志的行動，而是來自本源深處的決斷，它是一切意志的先導。當我們與那些透過歷史向我們言說的偉大人物相交時，理性便會被喚醒。隱匿的人物身上也蘊涵着理性，他們同樣是人類內聚力的基礎，完全不會消失在存在的無政府狀態中。（AZM 324）

三、教育計劃的局限

　　近百年來一直流行着這樣一個觀點，即我們已處於千年歷史的終點。歷史的進程以不斷加快的步伐走向未來，

這一未來向我們展示了如下圖景：所有人，無論中國人、印度人還是西方人，都肩負着一個共同的使命，但我們尚缺乏完成這一使命的條件。在這種情形下，對未來一代的教育變得至關重要。在這種教育中，我們能夠從歷史的根基中喚醒我們的內在深度，將傳統的內涵加以保存，但其中也蘊涵着另一種可能性，即徹底切斷與傳統的聯繫，或是將其視為一堆瓦礫——人們可從中任意揀選用於構築新建築的石塊。這一彷彿自虛無中築就的新建築的基礎即是所謂關於人類本質與幸福的社會學、心理學知識。因此在全世界，教育已成為一種有意識的思考和持久的改革。人們處處計劃，如何使教育更好地得以實施，或是如何將其建立在全新的基礎上。這些計劃關乎孩子們的未來與人類存在的未來，它們取決於家庭、學校與孩子周圍的小環境潛移默化的影響。

在某些地方，教育被全盤地計劃，規則、層級與強力一直滲透到最細微的層面。統治者對其實施教育的方式有十足的把握，他們以科學和技術，特別是心理學方面的知識為依據，像運行機械設備那樣組織教育。教育被降格為培養工具化的、馴順的人的活動，它賦予人們一種參與創造預想中的偉大未來的衝動。人們迫切渴望加入這一洪流，在功能化的過程中實現自身的價值，成為工具，並將他人也轉變為工具。這一切基於有計劃的、龐大的人類結構，而並不是以個人和個性為基礎的。根據需求，他們可以被隨時替換。而智力、技術和功能則是評價他們的標

準。他們在工作中被消耗，當他們不再有用時，也就被淘汰了。浪費十分普遍，因為這類「工具」的生產遠遠超出實際需要。

在另一些地方，情形則完全不同。西方、印度與中國仍然深深扎根於它們三千多年的歷史傳統中，它們抗拒精神的毀滅。不過，他們中的一些人在面對世界歷史進程時感到無能為力，變得怯懦起來；另一些人最初是懷疑，而後便陷入了司空見慣的虛無主義：一切都無關緊要，我們無事可做。一些人企圖將人類面臨的重大問題與抉擇掩藏起來；還有一些人則以玩弄當代政治魔術為最大樂趣。

我們長久生存的一個重要基礎就是，以自由的精神指引一切計劃。這一基礎一直歷史性地存在着，並通過日常的現實在孩子們心中復蘇，但它作為一個整體，既無法被計劃也無法被創造。對於我們來說，清楚地認識到什麼能被計劃、什麼不能被計劃，在充分意識到無法計劃之事的力量的同時，不斷澄清所欲達到的目標，並不是一件容易的事情。以錯誤的方式制訂計劃，或是遺忘了根本的基礎，都可能使人不知不覺走上錯誤的道路。不間斷地制訂計劃，對我們人類來說完全必要。我們反對的不是計劃本身，而是以錯誤的意識傾向指導計劃的制訂，以及將一切不可知之物納入計劃之中的做法。我試以一些例子來說明：

1. 兒童應當獲得能力和掌握知識。知識是以純粹的形

式通過科學來傳授的。於是便有了將內容與科學方法傳授給年輕人的計劃，而科學已在生活中顯示出其實用性。舉例來說，歷史並不只是以批判性的歷史學為基礎，它首先呈現為一門科學。在古典語言課程中，對本國語言內涵的領會與語言學知識的學習交融在一起。《聖經》課成了宗教史。但是對於兒童來說，最重要的不是掌握科學，而是以直觀的形象充實他們的精神世界。因此，最重要的是，教師要言簡意賅地傳達內容，使兒童的思維結構與理解力得到鍛煉，變得明晰，從而獲得對事物的確切了解。可以說，教育首先是一個精神成長的過程，其次才是科學獲知的過程。對於從事科學職業的人來說，無所謂有價值的知識與無價值的知識。但從教育的角度來看，科學意味着價值的匱乏。在教育過程中，科學思維會成為一種有意識的知識經驗，帶着理性的強制色彩。因此，科學思維作為人類存在之不可或缺的基礎，同樣應當為自身劃定界限。對科學課程的計劃不能由科學本身或是科學專家決定，而應當依據一種完全不同的、對本質性問題有所研究的專業權威。這種計劃立足於責任而非科學的正確性。在其引領下，科學在學校裏的角色，尤其是在對知識價值的評估上，必須時刻受到學校精神的檢驗。

2. 應當順應孩子的天性和能力因材施教。作為關於人類行為、生理心理機能、發展階段和變態科學的心理學，應成為教育計劃和決策的基礎。教育將成為一種心理學活

動。有一種流行觀點認為，研究者能夠洞悉作為現實的人類自身，即從心理學的角度來看，人可以和應該成為什麼。這是一個致命的現代謬誤。不過，從事心理學研究仍是有意義的。在關於疲勞、記憶以及諸發展階段的特性問題上，心理學已取得了一定可供人們運用的知識。運用心理病理學知識可以避免諸多不必要的痛楚，修正一些倉促的判斷，讓人一方面懷有希望，另一方面也承認無情的事實。心理學只是人類的缺陷與病態方面的指南。如今，心理學通過問卷測試等方式起到了這樣的作用：在企業和學校中減少摩擦，以提高生產力和學習能力。我敢說，往往是由於這種事實上的對人的貶低以及過高的希冀，才使人們從個案判斷中得出虛假的知識。唯有對心理學和精神病理學的可能性邊界有清晰的意識，才能恰如其分地運用它們。但心理學家打算成為人類的主管，實在是一個不可置信的怪現象。心理分析披着科學的外套，不顧科學要素的整體性，儼然成為一場信仰運動，這一運動在美國已成為荒唐可笑的現象。在我看來，心理分析的滲透已成為毀滅人類尊嚴的一種方式。（參見 *Allgemeinen Psychopathologie* [《普通精神病理學》]，5. Aufl. 1948，以及 *Rechenschaft und Ausblick* [《彙報與展望》]，1951 中收錄的短文 *Kritik der Psychoanalyse* [《心理分析批評》]）

不應將教育計劃建立在被誤認為是心理學的知識基礎上，相反，教育計劃應該限定在真正的心理學洞見的範圍

之內。人們會說，作為科學的心理學對於教育並不起到決定性作用；沒有心理學，教育仍能保持其固有本性，儘管在教育主管部門中，心理學能起到一些附帶的作用。

3. 將兒童培養為社會所需的有用之才，意味着如下兩點：首先是喚醒共同體的歷史性精神，喚醒象徵中的生命意識。兒童在無拘無束的日常生活中，通過社團交往、語言交流以及教育者所傳授的人類現實狀況而獲得歷史性精神與生命意識。其次是教授和操練未來職業所必不可少的技能。兩者皆不可偏廢。前者關乎學校的精神，每一所學校都有其不可替代的獨特傳統，需要悉心扶植、呵護，使其成長壯大。後者則關乎學校的意圖和計劃。一個世紀以來，人們通過不斷改進教學方法、修訂教材、探索更優質的練習方法，使教學的直觀性得到了顯著的提升。

然而，在這些豐碩的成果背後卻暗藏着陰影。對可計劃的成就的追求使人們忽視了整體精神的培養。為了給將來的生活與職業做準備，越來越多的內容被塞進課堂，專業門類不斷增加，直至學校分裂為諸多不同的學院，而這些學院都是以服務於將來的不同職業為宗旨的。在這種情況下，整體精神的傳承、對教育共同體的信任日漸式微。處處都是為爭奪學生而展開的專業之間的激戰，專業精細化的追求降低了原本作為人的教育的整體要求。課程計劃時常更換。高中一度規定，學生在學習期間需要掌握希臘語與拉丁語、《聖經》與數學、歷史與地理。實際上，這

幾門功課足以構建一個人的精神基礎，所有其他知識和技能都可以在校外或將來的生活中獲得。但如今的大學和技術學院中，如下現象甚囂塵上：沒完沒了的講座和練習阻塞了學生自由探索的精神道路，專業與知識不成系統，教授只是傳授考試技巧，等等，這些都削弱了原初的精神生活，使學生失去了反思能力、承受孤獨的能力，以及針對一個問題反覆思索的習慣。我們是否應該持悲觀主義的態度，即認為資質平庸者只配得上單純的訓練而無法享受智性生活？還是說，仍然可能賦予他們某種自由，即為他們提供足以激發智性火花的內容，而不只是純粹地增加課程的強度？如果這一可能性無法實現，那麼無論人們如何抵觸，教育遲早會在世界範圍內導致諸種形式的極權主義。

科學知識的傳授，作為與兒童相處的正確方式的心理學，培養兒童成為有用之才的訓練——以上三個例子表明，倘若沒有恰當的計劃指引，或是使手段變得絕對化，那麼，從正確的方法中也可能產生謬誤。面對這種情況，我們應該怎麼做呢？當理性的指引無法對此作出回答時，就應為理性本身設定界限。重要的是，人們應該清楚，為不可計劃之事制訂計劃，本身是個悖論。

已過去的一切無法重現。真實必定來源於當下的衝動。但透過偉大的過去，我們能更加明確當今學校的任務：創建學校的目的，是將歷史上的人類精神內涵轉化為當下生機勃勃的精神，以此引導學生掌握必要的知識和

技能。

但這一任務無法僅僅通過理性的計劃來實現。當計劃自身獲得了獨立性，它就會使人分心。用於計劃的手段自身變成了目的。科學的認知與成績的提升成了最終目標，而心理學則成為制訂教育計劃的方法。舉例來說，科學只是教育的一個要素，如今卻幾乎成了將來研究職業所必需的預備課程。教學法又將記憶與技能方面成績的提高絕對化了。心理學認為，心理機制與可理解的動機是自由人的工具。但我們可以斷言：即使在沒有科學、教學法和心理學的地方，優質的教育仍然是可能的。但如果整體的歷史精神枯萎了，教育就會面臨威脅。一個不加評判地講述希羅多德並稍加杜撰的教師，能使一幅生動的古代畫面深刻地烙印在學生的記憶中，他把握住了歷史的真實，且這種真實是難以忘卻的 —— 儘管在「科學」的教育者看來，這種做法輕浮且不值得效法。一位從不迎合時尚、以教書和探求真理為本職的教師，莊嚴地在黑板上寫下富有魅力的言辭，引起學生對終極價值與絕對真理的嚮往 —— 儘管學校當局可能會要求他以更有技巧的教學法來教學。

一位不懂心理學的教師 —— 他將全副精力投入對至高的普遍性問題的思索，教育孩子們選擇嚴肅而恰當的人生道路 —— 可能會陷入心理學的盲目境地（因為他對心理病理學全無了解）從而導致個人的不幸，但他卻因為有自己的立身之本而仍然秉存本性。也就是說，他首先考慮的並

不是讓孩子們成為不能經歷風雨的花朵，而是與他們一同在具體的事物中探索生命與世界的本質。

唯有在與事物的接觸中，才能感受到真正的嚴峻。以心理學為手段的嚴厲，或是如同軍事訓練般的強制，也許只是為專橫和暴力提供了溫床。

在教育中，人們可以全面地沉思和制訂計劃，但更重要的是，要設定計劃的界限，並認真遵守它們。主管部門在計劃範圍之外，它們也無法為自身設定計劃。它似乎存在又似乎不存在。我們的希望建立於它如今仍然存在這一事實；但它並不存在於成績、分數與教學計劃等可掌控的事物之中。起關鍵作用的是教師個人，在教室的四壁之內，他有承擔自身責任的自由。然後，真正的生活在那裏開始了——這有時會招來官僚的計劃制訂者和學校管理人員的憎惡——在那裏，人道主義精神意味着承擔起對精神內涵的責任。儘管計劃無處不在，原初的真實仍佔有一席之地。如果計劃制訂者對此有所意識，他就會儘可能少地擾亂它。這種原初的真實存在與否，反映在孩子們未經反思的意識中，也反映在教師以良知完成的使命中。他對此感到愉悅：美妙的課文與良好的教學法將在孩子心中播下伴隨其終身成長的種子。

一切動力、勇氣與喜悅都來源於教師人格中的引導力量，而學校的精神共同體更使其蓬勃發展。這種力量超越於學校的範圍而直接向每個個體的靈魂言說，講述那些

在歷史的暴力情境中以道德理性贏得自身存在之真實的人們。在這種言說面前，日常生活不再黯淡無光，即使最微小的行動也獲得了意義，讀、寫、算不再只是技能的掌握，它們本身也是對精神生活的參與。其中的美是可把握的，每一次手的動作，每一次思維的運作，都富有意義。

然而，在只有計劃和知識而缺乏全面引導的情況下，教育就成了將人訓練為工具的活動，人的成長的可能性於是墮落為一團純粹的生命能量，一種難以實現自身真正價值的生命過程。（PuW 28-38）

四、計劃與責任

人類必須給予自身自由，並投身於機遇，是一切計劃與謀劃的邊界，也就是說，人所能達到的境界在本質上是不可預計的。一旦被欲求，它也就被中止和破壞了。它令人驚異地、純粹地、動人心魄地來自未來；它超越於並先於一切自我滿足的技術。（UZG 233）

在可預測性與奇跡之間，人們需要在超越性面前承擔起行動的責任。（AZM 488 f.）

5 / 在過去、現在與未來的張力之中的教育

一、沒有命運的此在 ——時間性的自我存在

作為此在（Dasein）的生命，即由不斷逝去的瞬間延續而成直至其終點的生活，並不擁有命運；時間對於它而言不過是一個序列，回憶無足輕重，將來尚未來臨，而當下是此在片刻的歡愉與紛擾。人們通過某種聯繫來贏得自身的命運。這聯繫並非某種不可避免的、在人無能為力之時出現在他面前的陌異之物；而是被他牢牢把握住，從而成為他的本己之物的聯繫。這種聯繫將他的生活貫通起來，於是，他的生活便不會任意消散，而是成為他可能實存的現實。如此，回憶便向其揭示生活不可磨滅的基礎，將來則向他展示出當下行為責任後果的空間。生命因此而變得整全。它有它的年歲、它的自我實現、它的成熟和它的可能性。作為生命的自我存在渴望整全，而唯有適合於它的聯結，才會使它臻於整全。（GSZ 186 f.）

二、傳統與烏托邦的機遇與危機

傳統總是潛移默化地滋養着年輕一代，自其孩提時代起便是如此；年輕一代通過一種與歷史及往昔偉大人物形象的內在聯繫而意識到傳統。歷史作為已知的、被把握的過去，成為當下的事實內容，而當下唯有在與過去的連續

性中才能創造出將來以及人類此在的客體性。若非如此，人便無法意識到自我。（Ph 634）

我們如何帶着歷史生活？——我們時代的歷史知識以及從最大範圍內獲取信息的可能性是以往任何時代無法想像的。只要人們的所思所為能夠自我傳達，並以文本的形式保留下來，它們就能被我們理解，就能從遺忘中恢復並發揮其作用。我們以歷史的眼光看待自我認知與世界觀的多樣性，看待人們意圖從中把握自身的自明性。

現代人在精神上將歷史的所有可能性據為己有，擁有前所未有的行使自主權的機會。歷史上曾被人們接受的諸種觀念對於現代人而言都觸手可及，因此人們能夠更輕易地獲得自由而真實的知識。

但這種解放的意義仍然曖昧不明。與歷史打交道，將一切交付於它的真理，帶着無鬥爭的欣賞眼光觀照歷史，並為人類和個人尋找聚集了所有內涵的完整真理，這在存在的意義上是不可能的。所謂的文化綜合，或是不承擔義務的美學觀念，或是促進文明的技術的聯合體，抑或只是某種普遍性的微不足道的抽象化，它只會在對表面現象的自我滿足中導致平均主義。

與歷史的存在主義交往使鬥爭持續下去，通過歷史之鏡使鬥爭在自身當下的意識中不斷加劇。不過，它也使人意識到新的事物，對此，歷史之鏡不再能發揮作用。它使人感到，在當下的精神條件和物質性的生存條件下，需要

使永恆的生存扎根於新的現象中。(PGO 467)

　　儘管我們根本上生活在我們所來自的歷史傳統與我們意欲服務的將來之中，但若只是純粹地堅持和重複過去，或是在對過去的單純認知和對將來的單純服務中將當下讓渡給過去和將來，人便仍然不是本真的自我。一個人的行為與存在，並不僅僅因為被銘記或是將要獲得聲名而具有價值。服務、給予和回憶連同它們產生的作用，本身不過是表象，儘管可能是真實的，但並不是最終的根基。

　　所有顯現的事物，人們所了解和意欲的一切，過去與將來，都將作為一種永恆的語言，成為歷史性的當下的參照維度。所有這一切都如其所是地屬於當下自身。(W 173)

三、喪失當下 vs 把握當下

　　我的虛無意識常常想脫離當下，去過一種與不在場的他者、與過去和未來相關的生活：本真性的存在是屬於過去的，已經逝去。當下的生活缺乏本真性存在。唯有通過回憶，當下的生活才有了存在的餘痕。回憶是本質性的，它在當下仍然具有可能性。但是，我唯有親身存在於當下，才能理解過去，並將其據為己有。必須身處當下，才能如其所是地看待過去。而最終，過去也將消失於當下之中。

　　真正的存在是將來。當下的生活唯有服務於將來，才

能獲得自身的意義。將來賦予我一種自我意識，即我未曾是，卻將要成為什麼樣的人，以及我為何而生活。但是，事實上，這種目的性永不存在。我活在對將來的幻想中，而這一將來在日後又會成為另一個為將來而活的當下，直至在萬物的靜默中，一切隨着人類世界走向沒落而被撕碎。

與以上兩種道路相對的是把握當下，唯有在當下之中，永恆與存在自身才會敞開。Carpe diem 並不意味着即刻的肆意享受，而是對當下敞開，那是我們存在的唯一方式。

過去和將來都蘊涵在當下之中。我要達到過去的深度，就必須傳承歷史，學會如何記憶。我嚮往真實、美好的生活。我在當下之中尋求與過去和將來的交流。對共同體的嚮往，對我所接受的和願意提供的幫助的認知，促使我在當下之中走向過去和將來。（W 173 f.）

四、責任與當下性

因此，我們應持這樣的態度：不能沉溺於過去或是將來。生活在當下意義重大：在對已獲知的真理的組織中，使道路敞開，並始終堅持這一道路。（W 25）

生活在當下，不要在過去和將來中迷失。倘若過去和將來都無益於當下，那麼它們便是毀掉了當下。（PGO 428）

我們不應被或樂觀或悲觀的未來圖景引入歧途，而應

清楚地意識到我們的責任。這一責任滲透於日常生活，存在於我們的衝動和情感中，存在於我們的生活方式中，存在於我們與或遠或近的他人的相處中，存在於大大小小的抉擇中。這些抉擇並不僅僅是為了我們自身，同時也是為了事物自身的發展。同樣，這一責任還存在於我們對人類的想像、對密碼 (Chiffren) 的再現中，存在於人們所遵循的準則、所指向的最終目標之中。在其中，我們踐行着我們對其負有責任的自由。(PGO 470)

6 / 依存於整體的教育

　　教育學領域與政治領域中的情形並沒有什麼不同。教育依存於精神世界的本源性生活。教育不可能以自身作為源泉；它服務於精神生活的傳承，這種生活直接體現在人們的態度中，而後會成為他們對於公共福利和國家的現實的自覺立場，並在對創造出來的精神作品的把握中高揚。在我們的時代裏，精神命運必須決定這種尚具可能性的教育的內涵。

　　如果這樣的靈魂在國家和教育中銷聲匿跡，如果在歷史連續性中具有絕對性的決斷意志消失了，如果靈魂與意志都陷入了理性計劃和非理性暴力手段的混亂交替，那麼，這就表明那個超越一切的作用已經消失，或者至少是暫時噤聲了。但是，如果這種作用能使人對理解和意義有所意識，那麼，它的存在就會在現存世界秩序之不完善與不可解中顯現出來。

　　從國家和教育躍升至精神、人類存在與超越性的整體，並不是要進入一種包羅萬象的現實，而是要進入另一種更高的存在性現實，這一現實在實際顯現中並不獨立存在，卻在關鍵的原點上決定了顯現為事實的事物之進程。(GSZ 110 f.)

一、社會歷史性轉變中的教育

正如所有傳統都是由社會組織的特殊結構決定的，有意識的教育同樣依賴於此。教育隨着人類歷史生活形態的改變而發生轉變。(Idee II, 47)

教育往往取決於特定的社會結構形式。教育的同一性是由社會的同一性賦予的，比如教會、階層和民族。通過教育，特定的社會構成經由一代代人的傳承而得以保留。因此，社會發生變革之際，也就是教育發生轉型之時，甚至社會變革的意圖往往最初都表現為教育議題。因此，對教育的思考必然延伸至對國家和社會問題的考察，諸如柏拉圖的「理想國」這類社會構想就將政治和教育的組織視為一體雙生的。教育將個體塑造為整體的一員，而整體則是實現個人教育的途徑。

歷史變幻萬千。社會需求決定課程所要傳授的內容：神學知識是為準備從事神職的人講授的，而語言知識技巧的傳授則是人文主義教育所必需的。如今，人們則將社會學、經濟學、技術、自然科學和地理學知識提升到了最重要的地位。教育隨着教育理念而轉變。過去有等級學校、騎士學校、貴族和顯貴市民的私立學校。而所有民主政體都應有機會均等的共同教育，因為只有平等的教育才能為人們創造一個共同的基礎。(Idee III, 83 f.)

二、教育的實質

一切有意識的教育都是以實質為前提的。教育須有信仰，沒有信仰的教育不過是純粹的教學技術。教育應當認清當下的實質與自身的意志，若非如此，便無法找到教育的宗旨。因此，我們時常聽到的一些教育口號並沒有多大意義，諸如學習一技之長、強健體魄、獲得國際視野、陶冶性情、確立民族意識、培養勇氣與自立、提升表達能力、塑造個性、創造共同的文化意識，等等。（Idee III, 86; ähnl. II, 49 f.）

如果整體的實質毫無遮蔽地呈現於當下，那麼教育就擁有了穩定的形式與自明的內涵。這意味着以嚴肅的態度將年輕一代帶入整體精神中，讓他們在其中生活、工作和交往。教師個人的成就幾乎不被注意。他全心投入而無須實驗，便能為人之成人這一恆久持續的生命之流服務。

沒有虔敬之心，教育就不可能發生，其結果在最好的情形下也只是使學生賣力地學習。虔敬之心是一切教育的實質。若沒有對絕對事物的熱情，人就無法生存，一切也都將失去意義。

絕對的事物可以是人所共有的，比如階層、國家，或是教會形式的宗教；也可以是個人性質的，比如真實、自立、責任和自由；當然，也可以是兩者的結合。（Idee II, 49）

三、教育的危機

當教育的實質發生問題、教育的信仰開始動搖時，人們就會有意識地追問教育的目標。(Idee II, 49)

當教育的實質發生問題時，教育就會變得形式化。身居高位者處心積慮地維持學生對他的敬畏：對學生有所保留，或是樹立個人權威要求學生盲從。教育賴以安身立命的那些工作成了空洞的「履行義務」。追求卓越的競技（Agon）為千方百計求得他人承認的虛榮心所取代。接受教育，本是為了逐漸進入實質性的整體，如今卻成了僅僅學習一些可能有用的事物而已。教育本以理想為旨歸，如今卻只是教授一些現學現賣的知識。(Idee III, 85; ähnl. II, 49)

當整體的實質變得可疑，並處於瓦解中時，教育就會缺乏保障，變得支離破碎。它不再引導孩子們領略包括一切的整體的崇高，而只是教給他們紛雜的知識。

一種不安正籠罩着世界；人們感到正在滑入深淵，一切將取決於下一代人的創造了。人們知道，教育決定着未來的人類存在；教育的衰落就意味着人類的衰落。當歷史流傳下來的實質在那些成熟且應肩負起責任的人心中粉碎之際，便是教育衰落的開始。這種實質的焦慮表明人們逐漸意識到它已處於完全失落的危險之中。那些主張復古的人，把他們自己都已將信將疑的事物作為絕對的東西灌輸給兒童。另一些人則鄙夷這一歷史傳統，把教育當作完全與時代無關的事業，彷彿教育只包括技能訓練、實用知

識，以及給予孩子足以使他對當今世界產生一種見解的信息。

當下的教育的浮躁表現為：缺乏統一觀念的高強度教學、層出不窮的文章書籍、不斷翻新的教學技巧。教師個人對教育付出的心血是前所未有的，但因為缺乏整體的支撐，卻顯得貧弱無力。因此，我們的狀況所獨有的特徵似乎是：放棄實質性的教育，卻沒完沒了地從事教學試驗，在這種教育的解體中形成了種種無關宏旨的可能性，這是一種以不真實的直接性呈現不可言說之物的企圖。一種嘗試迅速替代另一種嘗試，教育的內容、目標與方法不斷更換。彷彿人類千辛萬苦爭取到的自由正退化為一種空洞無物的自由。這是一個對自身沒有信心的時代，它焦慮地關注教育，彷彿能再次從虛無中創造出什麼似的。

年輕人的角色最能反映這一問題。假如教育的實質在於整體精神，那麼年輕人便仍是稍顯稚嫩的。他們表現得尊重、服從和信任成年人，並不憑藉年輕而自以為是。因為青春僅僅是準備性的，僅僅是走向某種未來可能性的使命。但是，當種種事物處於瓦解狀態時，青春就獲得了自身的價值。人們期待從年輕人身上重新找回世界已失落的東西。他們有權將自身視為源泉。我們的孩子已經擁有了對學校規章制度的發言權。年輕人似乎應當依靠自己的力量創造那些教師不再擁有的東西。正如國家的債務需要下一代來償還，他們也將承擔我們肆意揮霍精神財富的後

果。青春被賦予了一種不切實際的重要性，因此他們注定會失敗，因為一個人必須沿循一步步嚴格的培養，歷經數十年的成長，才能真正成人。(GSZ 101 ff.)

四、代際差異的模糊

一旦成為純粹的功能，此在就失去了其歷史性特徵；以致不同年齡的差別也被抹平了。生命力最旺盛、最富浪漫色彩的青年時代是人們最嚮往的生命形態。若僅僅看重人的功能，他就必須保持年輕；倘若一個人青春不再，他也要努力使自己顯得年輕。此外，從本源上說，年齡已不再重要：個人的生命只是一個個瞬間的體驗，它在時間中的延展不過是一種偶然的持續，並沒有作為基於生物學諸過程的、不可逆轉的決斷之構造而被記憶和珍惜。倘若人真的不再有年齡，那麼他將永遠既在開端又在終點：他可以做這件事，也可以做那件事，一會兒這樣，一會兒那樣；彷彿隨時都可以做一切事，但又沒有一件事是真實的。個人不過是百萬人之中的一員，那麼為什麼要為自己的行動賦予重量呢？任何事物都瞬間發生，又很快被遺忘。因而人們的行為舉止不分年齡都是相同的。兒童早早就變得像成人一樣，按照自己的意願說話。他們對那些裝作年輕的成年人沒有敬畏之心，因為這些成年人並不像他們應該做的那樣與年輕人保持某種距離，為他們樹立某種榜樣，反而放任自流。這種生活方式對於年輕人也許合

適，但對於他們來說卻有失尊嚴。真正的年輕人渴望保持獨特性，而不是毫無界限地混跡於年長者之中。年長者則需要莊重與成熟，以及自身命運的連續性。(GSZ 44 f.)

如果人們被迫只顧眼前目標，他們就失去了觀望生命整體的空間。(GSZ 46)

7 / 教育的意義與任務

一、對教育的誤解

在對民主觀念的忽視中，人們忘卻了何為教育。自上個世紀起，教育便與學科知識的傳授分道而行。人們所理解的教育，只是將青年人培養成有用之才。一旦一門學科有利於經濟，它便為自己贏得了身價。為了獲利，人們競相追逐，在校園裏推廣自己的學說。研究者與教師也由此心安理得地提出對物質的需求。如果一門學科事關國家存亡，它便被認為是具有至高無上的功用。自現代技術發明之初，直至核武器時代，一直如此。如今，美國已敏銳地意識到蘇聯（在恐懼中）表現出來的（誇大的）優越性。因此，科學以及對（不計其數的）科學人才的培養變得至關重要，人們願意為此投入大量人力物力。如今最顯赫的是原子物理學家，尤其是在蘇聯，他們如願享受着物質的富足，過着比其他人更加無憂的生活，至少表面看來如此。

當下這個注重科學人才培養的關鍵時刻也為我們提出了一項需要高度重視的任務。我們為科學人才的匱乏而感到不安，由此帶來的後果尚不明晰。如今，大量資源被投入以科技、經濟和軍事為目的的「教育」。然而無論在蘇聯還是西方，對這類科學的價值評價無關其精神內涵。它只關乎技術。而技術只是頭腦的一種特殊能力。如此培養出來的科技人員只是服務於特定目的的、訓練有素的工人。

他們並沒有受到真正的教育。知識技能方面的訓練、專業素養的提升仍然談不上是性情的陶冶，甚至談不上是學科思維方式的訓練、理性的培養、精神生活的涵育，以及對於在任何時代都有所創新的人類歷史傳統的參與。（AZM 445 f.）

二、本真的教育與回歸

另一種教育是本真的教育，它肩負着更偉大的使命。這種教育的延續將為控制技術、經濟和軍事帶來的危害奠定基礎。我們要從源頭到目標對教育進行全面反思。人類的未來，取決於本真的教育能否實現。只強調在自然科學之外推廣人文科學，是遠遠不夠的。引入教學技術、心理學教學法和教學論，也是不夠的。教育革新的先決條件是提升教育與大、中、小學教師的地位，通過教師的行為內涵，通過教育與偉大事物的關聯，以及教師在民眾之中嚴肅的生活，來為教育贏得聲望和影響力。這就需要一筆超出目前教育經費數倍的資金。然而教育革新無法僅憑金錢實現。唯有人的回歸才能實現真正的教育革新。（AZM 446）

三、現存的三種基本思想

至此，我們尚無法發展出關於教育的最根本思想。在此先提出三個尤其與民主相關的觀點。

1. 自由能在民主制下發揮力量，是因為人的地位受

到了尊重。比如，有為智力缺陷人士設置的輔導班與特殊教育，但沒有為天賦極高者設置的天才班與天才教育。當大多數人反對天才應當享有的權利時，民主同樣會面臨危機。倘若民主不允許最優秀的人在所有事務和生活領域以及人類潛能中展現才華和發揮作用，那麼民主在整個生活中的活力便會減弱，走上自掘墳墓之路。（這裏我們不再談論學校免不了採用的擇優錄取法，它帶來了諸多弊端，且常常被誤用，導致不公正。持續的自我批評和改進同樣重要，因為每種人為制訂的措施都有諸多缺陷。）

2. 對青年的教育內容包括：使他們接受古典與《聖經》傳統的熏陶，掌握自然科學與技術的基本知識，體認民主社會的精神，同時也讓他們對另一種絕對專制的體制有所了解。在民主國家中，自由的力量取決於對專制的本質的洞察，因為它是技術時代可能出現的新型統治原則。這一新型原則在其尚未實現之時，便會像病毒一樣蔓延至每一個人的精神中。由於人類本性自身，感染性物質無處不在，若不能保持清醒的認識，理性的免疫力也無法絕對可靠。唯有憑藉自由的信念與合理的生活實踐，才能戰勝這種疾病。不應要求學生在缺乏足夠的認知時就反對各種專制思想。教師必須在自由討論的氛圍中言說和作答，並允許學生持反對觀點。用強制措施諸如追捕、審問、思想壓力來直接壓制專制思想，反而會促使其生長。因為當人們以這些手段鬥爭時，他們自身便成了他們意圖反對的專制

精神的代表。

3. 當真正的教育（不同於專業訓練）發展到一定階段時，它甚至對技術本身也具有深遠的意義。純粹的專業技術訓練將人塑造成最有用的工具，但未必能培養人的自然科學素養。自然科學對一切自然的現實與知識的可能性敞開，無論其技術實用性如何，人類的原初求知慾都會推動知識的持續進步，沒有這種知識的進步，就不會有新發現，或是至多只是在已有成果的基礎上進行一定的技術發明，但不久之後便停滯不前。

以民主的觀念來看，政治本身就是教育。但與過去僅限於特權階層的政治與教育（柏拉圖的偉大構想）不同，它是全民的教育。教育是政治可能性的基礎，反之亦然，理性的政治以超政治的眼光塑造了教育。其結果可呈現於每一個人身上。政治以公開的方式進入每個人的私人領域。

政治的現實主義者對此持不同見解，他們認為：政治並非教育，而是少數人的專職，這些人的私人生活如何並不重要，而民眾的私人生活也與政治無關。政治是一項公共事務。私人領域的倫理道德無益於政治。政治也不是沉默的民眾所造就的。因此，要說政治依賴於每個人的理性，純屬空想。

然而，這種「現實主義」是多麼不切實際！只要政治不是一時的巧技，而是意圖建立於牢固的基礎並持久地發揮效力，那麼它就必須是對全民的教育。政治的存亡取決於

民心的向背，後者在選舉中得以公開呈現。沉默的民眾是道義的擔當者，一切政治均與其相關。沉默的民眾通過教育——首先是家庭教育，進而是學校教育——而獲得自身的存在。若是缺失了道義的層面，所有人都將被實用政治帶入深淵。（AZM 446 ff.）

四、教育的意義

人之成為人，不只憑藉生物遺傳，更多的是因為歷史的傳承。這種在每個人身上重演的過程便是教育。在個人成長的歷史世界裏，通過父母和學校有計劃的教育，通過自由地利用學習機構，最後，在漫長的一生中，通過將親歷、親聞的一切，與內心活動相結合，教養成了他的第二天性。

教育使個人通過其自身的存在而使個人進入對整體的認識。個人不再固守一隅，他進入了世界，於是，他狹隘的此在通過與所有人的生活發生聯繫而獲得了活力。當一個人與更敞亮、豐盈的世界結合時，他便能更堅定地成為自己。（GSZ 100 f.）

五、教育的使命和民族的未來

一個民族的未來，取決於家庭教育、學校教育和自我教育。一個民族培養了什麼樣的教師，如何尊重教師，以及在何種氛圍中以何種尺度和自明性生活，都將決定這個

民族的命運。我只能提出幾個與政治息息相關的觀點。

人們呼籲：要關心青年的教育！政治家們希望年輕人參與政治。人們為學校投入了大量資金，但仍嫌不夠。

大、中、小學教師的義務是為傳承中的世界賦予秩序和形式，使之能引起學生的興趣，充實他們的精神，塑造他們的人格。這樣，紀律性的工作才富有意義，不至於成為學生的負擔。這些記載在書本中並在實踐中實現的基本精神成就，比其他一切物質成就都更為重要。我們有優秀的數學、語法、自然科學教科書，但歷史教材卻仍顯不足。我們也缺少契合時代的哲學書，即關乎整體的精神與道德教育方面的書籍。

教學和教育的精神至關重要。我們必須關注本質而少管一些細枝末節。

1. 科學與教育 在談論教育的危機與科學的擴張時，必須做如下區分：為適應今日整體科技生活的科學教育，不同於引導和豐富人生的教育。科學是專業化的，它教授學生專門的技能。科學在公民生存中不可或缺。通過科學教育，學生將成為訓練有素的職業人。專業知識和技能使人成為某一有限領域的專家。這些能力是生存所必需。科學的發展是技術進步的前提，也是未來經濟的基礎。在人類塑造和展現現實的宏偉進程中，人們對物質有了前所未有的掌控，並從純粹勞動的負擔中解放了出來。因此，掌握技能成為必要。

與此相反，教育乃是屬於人之為人，屬於所有人的事業（今日之教育不再作為特定階層的教育，而是作為全民教育發揮作用）。推廣教育的前提是民眾有好學的意願。

2. 自由與權威　教育不是嚴加管束，而是使人在自由中成為自己。教育訴諸自由，而非人類學的自然事實。它憑藉那些在自由中成為自身的東西來實現。當教育成為權威時，它就失效了。

因此，應當儘早讓孩子擁有自由，使他們從自己的認知出發來學習，而不是一味服從。應當允許他們輕視徒有其表的教師。他們會心甘情願地尊重能令他們學有所獲的教師，敬愛那些德高望重而不濫用權威的教師。假如學校裏瀰漫着權威的氛圍，學生卻不懂得反抗，那麼權威將深深滲入他們稚嫩可塑的本性中，幾乎不再能改變。這些學生將來只會在服從與固執中麻木地生活，而不懂得何為自由。

3. 教與學　有必要針對不良的傾向、直接的快感和精神的渙散制訂嚴格的工作紀律。紀律是制約專橫任性這種虛假自由的要素。教育的日常化需要不斷的操練，否則它便會流於空談和欺騙。紀律是教育這一偉大事業得以實現和發揮效力的前提。紀律對於掌握專業知識和技能而言不可或缺，對於教養的習得同樣如此。

4. 內容　我們之所以成為人，是因為我們有所敬畏，並讓精神內涵充盈我們的想像、思想與活力的空間。精神

內涵以其特有的方式，通過詩歌和藝術作品滲入心靈。西方人應當熟知希臘、羅馬世界與《聖經》。尤其在今天，我們能以低廉的價格獲得比以往任何時代都更好的譯本，即使不懂古代語言，我們也能接觸到古典傳統。透過古代世界純樸而深邃的偉大，我們彷彿進入了一個全新的生命維度，從中感知到了人的高貴，並獲得了諸種準則。不了解古代世界的人是尚未覺醒的，他停留在野蠻狀態。一個人自其孩提時代起，通過學習吸收傳統內涵，即使沒有加以反思，這種內涵對他來說也是觸手可及的，將塑造他的整個生命。如果忽視了對孩子的這類教育，將來就很難再彌補了。

5. 歷史　是不可或缺的教育的因素。它以自身的起源，以人民和人類的生活為其家園。我們能理解人類曾經做過、經歷過、親見過和創造過的事物。不過，這些理解也會走入歧途，它們也可能對政治式的思考產生至關重要的決定作用。

人們意圖在事物的進程中把握必然性。黑格爾、馬克思、斯賓格勒，以及當下廣為流傳的種種說法，正以令人迷惑的方式引誘着人們。其顯而易見的欺騙性在於，事物之間可理解的關聯被視同因果必然性。這種因果性不過是唯心主義的構建，它始終面臨一個問題：自明的可理解性在多大程度上合乎事實？我們所能指出的歷史因果性都是個別的、多元的，從來不存在整體的事件發生的必然性。

人們忘記了那無法事先預料也無法事後把握的偶然性。歷史中突破性的發明也不再使人驚訝。那些與人類同時起源、由人類創造的象徵符號、神祕體驗和道德經驗，以及上帝觀念與神聖秩序，早在公元前3、4世紀高級文化發端時，便奇跡般地湧現，並很快達到巔峯。這一切無法以必然性來理解，而是我們對未來的憧憬的基礎。

對可辨識的必然性的意識或是使人消極怠惰，因為人無法改變這種必然性；或是帶來一種虛幻的主動性，意圖與認知對象的必然的進程合一。為了虛幻的夢想，人們不顧事實，孤注一擲，因為他們相信，把握住了歷史的必然性便能贏得一切。

歷史理解的另一重危險，是等級秩序的喪失。因人而異的理解會使事實的本性呈現出不同的樣貌。對某一歷史事實的理解，與對它的存在性評價是分不開的，因此會產生一種誤解，即一切「歷史的」存在都是合理的。一切無可挑剔，或是好壞皆可，正如俗話所說，「理解一切就是寬恕一切」。那無止境的、滲入存在深處的、永遠無法徹底完成的理解已觸及了在臨界地帶言說的不可理解性。在這裏的並不是只可辨識而不可理解的自然，而是對於理解力而言的存在之無限與開放性。

整個人類歷史或某一歷史階段的發展輪廓有其各自的意義，它們有着不同的構型，不能說哪一種構型是唯一正確的。不過，這些輪廓或多或少能帶給我們概覽式的一

瞥。比如，在教育的本質性議題中，古典文化的巔峯時期備受推崇，然而這個例子帶給我們的不是一般性教條，而是具體情境中的準則。

我們在歷史中看到自己，彷彿在時間中的一個站點上，驚奇地注視着過去與可能的未來，過去越光明，未來就越具有多重性。

6. 德國歷史　在德國歷經幾番命運的浩劫之後，我們應當重新認識德國歷史。並不是純粹的歷史事實本身有所改變，而是說，我們應當重新解讀這些歷史。出於自我認知與政治思想上的誠實，我們需要決定歷史上的事件何者重要，何者不重要。我們需要一種全新的、清晰的歷史認識。

今天，我們首先需要一部西方歷史範圍內的德國自由史。

我們在不遠的過去所經歷的那段歷史，似乎是一個難以解開的結。因為我們沒有以真誠的態度面對它。要解開這個結，首先要有忠於事實和敢於評價的勇氣。

與其說希特勒有罪，不如說是追隨他的德國人有罪。（審判程序可能會認定希特勒僅具有「不完全責任能力」。因為一份精神病學報告指出了他可追溯至 12 歲那年的器質性疾病——伴隨帕金森綜合症的昏睡性腦炎。（參見 Johann Rechtenwald, *Woran hat Adolf Hitler gelitten*?［《阿道夫·希特勒得了什麼病？》］，München und Basel 1963）

如今不再有希特勒、奧斯維辛以及類似事物的威脅。然而，德國人似乎並未完全擺脫那種可能使希特勒式統治潛滋暗長的思維方式。我們當下的社會是一個生產和消費的社會，人們普遍過得不錯，不過，我們就此滿足於現狀了嗎？我們能容忍對事實的盲目無知嗎？我們就是如此沉溺於幻覺，如此不負責任，如此愛說謊嗎？如果我們是這樣的，那麼我們將面臨與希特勒時代完全不同的另一種災難，而到那時候，我們也仍然不會覺得那是自己的責任，就像在希特勒時代以及今天仍有大部分德國人感到對希特勒的王國不負有任何責任。唯有如其所是地了解歷史上所發生的事、理解歷史，才能對我們的道德—政治狀況有清醒的認知。最瘋狂的事情仍然可能在今天發生。歷史的光芒照亮了當下，它不僅告訴我們一去不復返的往事，更指出了過去曾發生過而今仍然存在的事情。

7. 政治教育　對正在成熟中的孩子的政治教育，已是必不可少的。必須讓他們接觸公眾事物，了解國家的實際情況。為了能使一個即將成年的公民有能力承擔起他對公眾事務的個人責任，應當在中學時代就通過我們今天所說的「學生共同責任制」來鍛煉他。讓學生們共同完成任務，在聚會中互相討論、提出建議，並為他們在學校中遇到的切己之事做出決定。

政治教育不能停止。一個國家的公民需要了解大量信息，並參與到政治活動中。政治教育要通過實踐來完成。

在最小的政治團體中共同完成的任務就是政治實踐。

政治教育要求一種可實踐的思維方式，一種在學習中獲得的知識。空談或是雜亂無章的討論不是政治教育的沃土，必須有嚴格的連續性一以貫之。

政治教育的思維方式需要正反兩方面的檢驗。一個開放的思考者懂得傾聽對手的看法，並能協助他形成連貫而有力的思想。他們能從對方的立場出發考慮問題，審慎地懸置自己最初的立場，耐心地使所有可能性得到最大程度的發展。

在政治思想中，有三個方面尤其重要：

（1）我們首先必須承認暴力存在這一事實。暴力並不會因為我們不希望它存在而消失。這是一個殘酷的、不得不面對的事實。在快樂的、和平的、個別的情境中，暴力似乎消失了，然而人們忘記了，即使是這些情境也與暴力脫不了干係，它們總有一個地方是建立在別人已完成的或是正在進行的暴力之上。不使用暴力者坐享暴力帶來的成果。更何況，在和平的狀況中，暴力又會以任何一種形式突然出現。暴力固然不是政治應有的目標，反之，它是一個約束性因素。恰恰是幻想並堅信絕對無暴力狀況的人，有朝一日會使用暴力。

（2）斷明事實並不容易。尤其是，我們需要辨明事實在何種程度上是不可避免地被給定的，在何種程度上又是可以改變的。

（3）政治的本然意義是建立並持續地鞏固自由，使之能在國家體制中隨意表達。在這個意義上，政治的目的是讓所有人享有充分的自由。一個自由人，唯有當他感到其他人也都自由時，才會真正感覺到自由。因此，政治是民主而且自由的。我們可以說，政治是反對一味地暴力，反對權威、獨裁和專制的「黨派」。它知道統治是必要的，但是人統治人必須有限度，且要經由人民的委任。

暴力、現實和自由三者的聚合從不會帶來持久穩定的和諧狀態。政治一直處在激盪運動中。政治教育所要培養的思維方式是，在政治的激盪中體驗並理解它，不否認暴力和現實，然而盡力為真正的政治，即自由的政治效力。

僅憑直覺讚美自由和真理是不夠的。如果不在思想上透徹地理解自由和真理，就可能誤入歧途。政治思想需要知識。政治教育需要研讀書本。聯邦德國的公民首先應該學習基本法，那是我們的自由與國家存在的基石與唯一堅固而不可侵犯的依靠。然後，我們要研讀政治思想方面的主要作品，如柏拉圖、亞里士多德、西塞羅、馬基雅維利、霍布斯、斯賓諾莎、康德、托克維爾、馬克斯·韋伯。我們要選擇性地閱讀。最重要的是，我們不應滿足於只知條文、口號而未經深思的「博聞強記」。若沒有對偉大政治思想家作品的仔細研讀，我們的政治視野便是狹窄的。為了對當今的世界有全面的了解，並承認它是我們新的命運，我們必須廣泛了解流傳下來的政治思想，就像少

數政治家思想家所做的那樣。

在政治教育中，應當對日常問題進行討論。書本研習正是為了理解具體的當下、直接的興趣與激發人興致的事物。

政治教育的內容也應當包括分析同時代政治家的演說和行為。應當毫無顧忌地讓年輕人明白現狀和正在發生的事情。尤其要喚醒他們對某些人和職位的敬重，但這種敬重不應成為神明式的崇拜。即使對最偉大的人物也要保持批判性態度，並承認每個人都是有限的。

最後，政治教育應該給予我們如下經驗和認知，即在戰爭狀態中，追隨者是必不可少的。即使在最小的團體中，我們也能發現具有領導者天性的人、人們彼此之間的好感與相互承認。而在大團體中，在決定性的時刻，可靠的領導者、彼此之間的情感與忠誠將會決定我們的命運。唯有如此，才能形成一個既相互聯繫又富有創造性的持久的團體。

這種教育應當如何推行？有人可能會提出疑問：從哪兒找這樣的教育者呢？這樣的教育者真的存在嗎？這種教育應當在什麼樣的共同體中實行？如何使年輕人以及毫不關心政治的人對政治產生興趣呢？

政治教育不應由政黨來主持，因為大多數情況下，政黨會帶有強烈的黨派偏見。政治教育不應服務於某個政黨，而應服務於整個國家。因此，政治教育應該在黨派之

外，在自由精神的引領下，通過大、中、小學來實現。總之，唯有具有自由的主動性的社團才能提供這樣的教育。

我們需要一個所有公民都能參與其中的政治思想空間，使各個黨派、各種世界觀可以在其中相互辯論。受過教育的人的政治思想將是獨立的。政黨應該成為人民中的傑出者的團體，是所有渴望自由的人共同努力，使政治思考成為公眾教育，並通過政黨的活動使自由成為現實。政黨政治家也應是受過教育且願意不斷學習的人，最終他可以無須依賴政黨。除了追求理性、真理和事實，沒有任何其他的「世界觀」可作為準繩。(BRD 201-208)

8 / 教育的可能性與界限

一、對人的信任是基本前提

對人類和人民的信任是有意義的生活的前提條件。我們並非將信任贈予人類的現成存在，而是將其贈予人類憑藉其自身可能實現的未來。我們無法證明這種信任是正確的，相反，它常常遭到反對。但不抱有信任的人至少應該實事求是，並看到另一種可能性。當不信任的情感達到極致時，人類存在便成了一個自我毀滅的進程，遲早會走向盡頭。（A 128）

二、教育與自我教育的勇氣

對性格和天賦的研究最為人們津津樂道，但它最終明顯呈現出一種無知，因為它沒有為本真的教育保留空間，對於人自身的需求也不甚明瞭。

1. 對於那些尚未了解自己的人來說，教育意義深遠。我們早年的成長過程至關重要。天賦不可改變這一點已被證實，然而天賦不是唯一的決定因素，那些自一開始便無法忽視的可能性同樣具有決定性作用，這些可能性的實現總是伴隨着其他可能性的消失。家庭、學校、團體和公眾的精神是通過久已形成的習俗和迫使自身接受的行為和語言等方式形成的，而語言是人們不自覺地接受的符號與詞

彙。若只依據表面現象來判斷某個團體的成員，而忽視他們所接受的教育 —— 這種教育已成為他們日常生活一部分 —— 那是不公正的。應當看到一個人在接受另一種教育的情況下可能成為的樣子。接受教育的勇氣是建立在對潛在可能性的信任之上的。

2. 沒有人能斷然說出自己是誰以及自己能做到什麼。他必須去嘗試。嚴肅的個人決定應成為每個人唯一的指引，這種決定只能傾聽良心的聲音而不可為外界成見左右。一個人無法預先知道他通過自己的工作和內在行動能成就什麼。處於這一境地的人，應當認為自己是受到了召喚，因為在任何情境下，人們都應從事與之相應的事情。身處這一情境，應當振奮精神，首先不是想到向旁人求助，而是自內心生發出一己的責任。

總而言之，人類並非動物那般無法改變的頑固族類，而是始終處於實現自身潛能的進程中。(Idee III, 131 f., ähnl. II, 96 f.)

三、超越「教育無用」或「教育全能」的愚蠢二分法

對於精神生活而言，境遇和社會狀況顯然具有重要意義。對潛能的治療學運用使得教育的意義與界限這一古老的問題重新活躍起來。毋庸置疑，一個時代與一個民族的精神面貌是由教育決定的。自古以來，一直存在着兩種針鋒相對的觀點，即「教育是萬能的」和「一切都是天

生的」──教育可以完全地塑造一個人，或是我們只能通過一代代的遺傳控制來塑造人。萊辛曾說：「給予我們教育，那麼，不用一個世紀，我們就能改變歐洲的性格。」與之相對，另一種觀點認為，先天性無法改變，而教育只能起到掩飾的作用。很顯然，這兩種觀點都是錯誤的。誠然，教育只能發展一個人天性中的可能性，而不能改變他與生俱來的本質。然而沒有人知道自己的天性中有多少沉睡的可能性。教育能喚醒人們從未意識到的東西。因此，每一種新的教育的作用也都是不可預料的。人通過傳承而成為自己，而同樣的天性也能在短短幾個世紀裏有意識地、顯著地改變其外在特徵，以至於似乎整個民族的性格都發生了改變，這些基本事實表明了教育的重要意義。教育的界限不可預先劃定，而只能在實際中觀察把握。（APs 603 f.）

9 / 教育的必要性

一、人民的安全與其道德—精神的未來

各方觀點都顯示，人們期望縮減聯邦政府的國防力量。這對聯邦共和國的命運將產生決定性的影響。

我們可以將此與另一件性質完全不同的事關聯起來：將節省下來的經費用於教育 —— 對於我們的未來而言，教育遠比國防力量重要。無論如何，我們的安全仍然掌控在原子強國手中，但我們的道德—政治與精神的未來，以及我們作為人類在歷史上的價值，則掌握在我們自己手中。因此，國家所能做的一切，以及將來仍具有重要政治意義的事情，還是教育。(A 98)

二、民主、自由與理性的保障

正如理性在個體持續的運動中保持開放，理性生活也能在自我闡明、自我批評和自我控訴中保持開放。這是一條通過每個個體的思考方式導向民族的自我教育的道路 —— 後代教育的意義正源於此。若要為民主確立持續的自我教育進程，沒有比整個民族的青年教育更重要的了。民主、自由和理性皆有賴於這種教育而存在。唯有這種教育才能守護我們此在的歷史性內涵，使之成為見證的力量，並作為一種持存的力量，充實我們在新的世界情境中的生活。(AZM 444)

三、超越實用性的教育

明智的政治家明白，只有精神—道德才具有長遠的決定性力量。而只有在教育中，最宏偉的事業才能有組織地實現。教育不僅決定下一代的精神境界，決定在自由與專制之間的抉擇——最終，一般的人類此在，也同樣取決於教育。

我們不應混淆以掌握技能為目的的訓練與喚醒真正人性的工作。兩者都是必不可少的，但是，技能訓練必須始終在人的指引下進行，或者說，應該重新回到人的掌控之中。

武器裝備的優劣對於軍事具有決定性作用。因此，當美國人發現蘇聯在某些方面遠遠趕超他們時，一度驚慌失措。他們發現蘇聯不僅在技術研究中投入了無盡的資源，聚集諸多優秀人才共同工作，讓研究人員享有最優厚的待遇和特權，更重要的是，他們十分注重培養後繼人才開闊的視野，這是西方年輕科學家和技術人員難以企及的。十月革命勝利之後，蘇聯政府將沙皇時代的大群文盲轉變成了普遍受過教育的文化人，這一舉動影響深遠。相形之下，西方的教育顯然沒有得到足夠的重視。在德國，教育經費與其他經費相比少得可憐。事關重大的教育事業落入了黨派和信仰人士手中，而這些人通常只具備專門知識。教師職業失去了吸引力。最具天賦和獨立精神的人已對今日的教師職業失去興趣。我們仍然缺乏一股振興教育的動力，這種動力與思想的轉變密切相關。美國學校的教育體

系已被杜威誤人子弟的基本原則弄得一團糟。孩子們開始為自己學得太少而憤怒，大學則抱怨他們受到的預備教育太差。但最可怕的是——就像在德國的情形——並不是基礎教育不夠，而是在技術和工業方面沒有培養出足夠的、高質量的後繼之輩。

這是對未來造成影響的開端。國家領導人在這方面的失敗不會立刻顯現，只是在若干年以後，當那些有責任心的人早已被取代，這些失敗才會突然暴露出來。政治家無心關注教育，他們關心的無非是他們日復一日的工作以及與下次選舉有關的事務。但是，忽視教育對於遙遠的未來所構成的威脅比任何其他因素都要大。

技術與經濟生產力方面的競爭並非無關緊要。但是，若我們想要振興，就必須讓教育的實質超越實用的技術教育與宗教的限制。美國有十分出色的私立學校，且處處能發現極高的教學成就；德國則有非常優秀的教師，無論客觀條件如何，他們都能盡個人所能將教育工作做到最好。但至今尚未形成一股推動教育改革的力量。唯有當明智的政治家能發揮其教育家的本性，聚集其精神力量和教育方面的天賦來行動，甘願付出數倍於當前的財力，我們才有可能依靠下一代來復興教育，也才有可能及時為瀕臨深淵的未來奠定基礎。沒有偉大、明智的政治家，便不可能實現這一目標。這些政治家肩負着民眾的意志，使其變得明晰，他們將那些無法如經濟奇跡般即刻可見、但能夠逐漸

改變人們自身的事物帶入民眾的視野之中。這是一個需要時間的過程，但在某些地方已經清晰可見。

技術講求經濟生產力和軍事力量，精神則着意於人的轉變。前者只能製造武器裝備，不幸地使人功能化，並導致其毀滅。後者則能使人發生轉變，成為真正的人，拯救我們的存在，當經濟生產力和製造武器的技術被交付給他們時，他們不會受其操控，反而能掌握它們。（AZM 337 ff.）

10 / 作為教育之源泉的真正權威

一、權威、權力與暴力的區別

權威、權力與暴力：真正的權威（Authorität）源於內在的精神力量。當內在力量終止時，外在權威也會隨之消失。一旦權威受到威脅，它便會採取暴力（Gewalt）。

權威的內涵遠遠超出人們所知所想。它意圖把握的不是個別，而是全體。權威在歷史上以特定的表現形式言說。它延伸至專斷與服從的領域，即使慣於發號施令者也感到必須服從權威。權威約束着內在自由的、迎着它成長的人類行為。

不過，權威需要借助暴力來維繫自身，這種暴力或是內在的，即對靈魂施加的壓力，或是外在的、生理上的強迫。如果沒有與暴力的聯姻，權威只會圍繞着少數傑出者。如果一切都在其此在的連續性中（而不只是在某些轉瞬即逝的時刻）被把握，那麼權威也應當成為一種強制手段。

因此，自我宣稱的權威是意願與強制力（Zwang）的結合體。自由的意願自知其內在地維繫於不成文的法規、精神構造中的真理形式，以及人們普遍敬畏的秩序、職責與形式。強制力則沉默地在幕後控制着一切，在臨界情況下，它混雜着暴力。由於這種從屬於權威的自由，權威

之中始終蘊涵着張力。具體的行動，即便是追求自由的意義，事實上也都遵循着權威。

支配暴力的權威與權力（Macht）的一體性，是一個與民眾生活息息相關的問題。權威的內涵賦予民眾社會等級，而權力則保障他們生活的維續。

權威是在歷史中逐漸獲得的。權威無法刻意創造，它源於傳統的深處並在傳統中自我更新。

在純粹觀念的意義上，權威是個人擁有的一種力量，但僅憑這種權威，個人還無法進入一切人的共同體；一個人若是刻意保持自己的權威，他便會失去權威。純粹的權力是專制，它剝奪了權威的內涵，因此無法在人民內心的法則之下持存。權威與權力的分離，會使兩者都走向毀滅。（PGO 88.）（參見 *Authorität und Freiheit*［《權威與自由》］，S. 330 ff.）

二、權威的必要性與歷史性

確立權威的原則至關重要，它在一切時代都行之有效，呈現為各種各樣的形式：或是運動中的瞬間，或是絕對持存的標準；或是活躍的情感，或是傳統的習慣；或是精神的力量，或是以暴力做決定並強制實行的機關；或是教會的神祕，或是世界帝國；或是信仰世界的教條，或是存在秩序的合法性原則。種種權威在歷史中學會了彼此較量，而這種較量最常發生在基督教國家中。人們已經看

到，為信仰而戰的人們是如何地難以相互對話。

假如沒有權威，共同體生活、團結一致的精神、國民教育、軍事秩序，以及國家和法律的效力也就不可能存在。權威必不可少。權威的失落會導致人類及其古老的秩序在虛無的恐怖威脅下變得一文不值。不過，權威也是可以被打破的，但只有那些足夠成熟的、能使歷史的內涵發揮效力的人才可以打破權威。腐敗的權威帶來動盪，而在這種混亂中建立新權威的嘗試鮮有能成功的。（GP 376 f.）

任何時候，人都只能生活在權威之下。誰若拒絕接受這一點，便只會淪為更外在的暴力的受害者。認為人能擺脫一切權威，這一幻覺不過使人陷入更荒謬、更致命的順服。要求每個人都能擁有完全自由的觀點是十分愚蠢的，它只會導致完全的屈從。人們只擁有選擇認同何種權威的自由，即何種內涵能夠成為他生活的理由。人們無法置身事外地看待所有的權威。置身事外，實際上意味着立足於虛無而盲目無知。然而，對權威的選擇並非有意為之，我只是通過對我實際生活於其中的權威的意識與提純，通過將被遮蔽的權威喚醒，通過回憶起我的存在之基礎而體認權威。如果我已確認何物對我具有絕對價值，我就不再可能對我之為我的基礎做足夠深入的探索。（GP 749 f.）

人無法孤立地生活於世上。但在團體中，必定會有一個維繫整個團體的、為眾人所公認的權威。個人會不知不覺地追隨這個權威，同時並不感到不自由。事實上，每個

團體都有人們未曾思考卻普遍認同的標準，主觀感受與團體的基石都建立在內聚力與此在的秩序之上。

這種權威在中國、印度、古代社會與西方的中世紀時期曾是生活中的現實。它作為一個持存的世界、作為人們長久棲身其中的港灣而出現在人們面前。觀念、象徵、行為、習慣解釋了一切，並將一切合理化。毋庸置疑，人們不加質疑便參與到共同體的生活中去了。（PGO 64 f.）

過去已變得神祕幽邃，在當下的禮儀、習俗、說話方式和各種組織中仍能窺見它的身影。革命可能爆發，權威可能受到威脅，但這一切始終發生在世界整體那恆久持存的、不可動搖的權威中。（PGO 65）

人類的生活就發生在這包羅萬象、林林總總的權威中，它就像每個人呼吸所需的空氣。（PGO 65）

三、權威的危機與變革

這種衰落有精神上的原因。權威過去曾是通過信任而實現的互相聯結的形式，它為不可知性設立規範，它使個人與存在意識相連。在 19 世紀，這一形式最終在批判的火焰中被焚為灰燼。其結果，一方面是現代生活變得玩世不恭，人們以無所謂的輕蔑的態度看待種種粗鄙和瑣屑的現象——這類現象無處不在，無論是在重大的事務中，還是在細小的事情中。另一方面，恪盡職守的精神與自我犧牲的忠誠都已消失。蒼白的人文主義已不再有人性的內涵，

它只是為最可憐、最偶然的事情辯護。科學的祛魅使我們認識到這是一個「上帝已死」的世界，任何無條件的自由律都已退出舞台，餘下的只是秩序、共同參與和不干擾。我們的意志已不可能重建任何真正的權威，因為這種努力只會導致暴力統治。只有從新的起點開始，才可能形成真正有力量的事物。批判無疑是向着更好的境況轉變的先決條件，但批判本身並不創造任何事物。在過去，批判曾是再生的力量，但如今這種力量已經消亡而走向了自身的反面，由此帶來了為所欲為所導致的無根性。批判的意義不再是按照正確的準則做出判斷和指導，這原是它真正的任務，即評價事實和指出事物真實之所是。但是它現在不可能這樣做，除非一種真正內涵與一個自我創造的世界的可能性能為其注入活力。(GSZ 78 f.)

技術時代，也只有技術時代才能侵擾整個權威世界。其影響之巨，堪比原始技術給「普羅米修斯時代」的初民帶來的衝擊。我們正處於技術時代之中。與世界上的其他地方一樣，我們仍然保有古老的權威世界的遺風，它依然健壯，但正日趨衰弱，它開始對事物的進程持一種漠然的態度。幾千年前的人們以驚奇與戰慄的目光看待原始技術，而如今，一種根本上不同的、全新的技術已取而代之。這種新技術以自然科學為基礎，它將一切事物納入其領地，不斷地更新變化，最終導致過去的權威連同它掌控下的生活一同瓦解了。

然而，根本事實沒有改變：作為整體的人類需要一種引導自身的權威性的生活世界。這樣的生活世界在技術世界裏是否仍然可能？這個勢不可擋的新世界是否與一切過去的世界都截然不同？（PGO 65 f.）

這個只能依靠技術維持的毫無生命力的權威是否會取代過去活生生的權威？那保障自由的工作世界（Arbeitswelt）是否會被一個充滿暴力與恐怖的世界取代？抑或，從精神─道德的連續性與虔誠的傳統中，仍能生發出一種新的、內涵豐富的權威，它將以人性的尊嚴指引工作世界？（PGO 69）

權力反對每一種確定無疑的權威。從歷史上看，它與權威來自同樣的基礎。當權威變得僵化、不再由信仰生發而僅憑暴力維持時，權力就會轉而反抗它。但無論何時，這種反抗的力量都源自理性，倘若它不是深蘊着理性而是違背了理性，那麼它自身也會受到限制。於是，權威就會逼迫出「知性犧牲」（sacrificium intellectus）中所內含的暴力。

原初權威憑藉個人對自我意志與完滿大全之統一的體驗來保留順服的自由。但此後，權威在它的效力形式中固化，通過排除異己來界定自身。它在確保自身不偏離軌道的同時，也排除了新鮮的生命力。它在精神上死去了。（PGO 69 f.）

每一種權威都是傳統延續的一種方式。（W 783）

四、權威與大全

權威來自外部，但它同樣自內部向我說話。如果沒有外在的權威，我就是自己的權威，這實際上是荒謬的；但如果沒有內在的權威，我就只能服從外在的權威，而這種外在的權威對我來說純粹是一種強制力。如果說權威來自外部，它往往發源於人們內心。（W 782）

只有當個人的權威能使大全發揮效力，甚至使慣於發號施令者也順服時，這個人的權威才可能樹立起來。（W 782）

權威出自所有大全樣式的根底，因此並不缺乏孕育它的超越性，不缺乏作為其現實性的此在之權力（Daseinsmacht），不缺乏在精神上構築它的理念，不缺乏它實現世界定位（Weltorientierung）的知識空間，不缺乏它承擔着的並在其中發現自身的生存。（W 782）

五、作為信任之源泉的權威

在對權威的保留中，哲學為包羅一切的理性之啟明預留了位置。理性能夠不斷驗證自身，它對其他一切事物敞開。權威之外沒有標準可言。一切都必須納入理性的運動中。

即使是善於思考的權威，也必定不自覺地在某方面擁有無形的優先權。哲學自身也無法理解的「哲學信念」偶爾也會以令人捉摸不透的權威面貌出現 —— 這與它的一般形

象並不矛盾，但它在一片贊成聲中已然屈從於歪曲了的檢驗標準。權威若要站穩腳跟，避免墮落為純粹的此在之必然性與純粹的教育工具，它就必須始終是不可逾越的信任之源泉。（W 866）

唯有在一種肯定性中生活的人才能在世界上保持真誠。這種肯定性在任何情境下都是通過聯繫而獲得的。因此，如果對外在聯繫的反叛是純粹否定性的，這種反叛就是不真誠的，它只會導致持久的混亂，甚至直到反叛的目的消失時還會持續下去。只有為爭取生存空間而進行的自由鬥爭，才是真正的反叛，因為它具有為自身塑造聯繫的力量。（GSZ 187 f.）

敬畏的力量在對偉大歷史人物的沉思中堅守着人之為人與人之可能性的標準。它不認為它透過歷史看到的事物會從這個世界上消亡。它忠實於一切作為傳統而在它的自我生成中發揮過作用的東西。它理解在特定的個人那裏它緣何而生。在這些人的影子中，它第一次進入了意識。這是一種永不衰竭的虔誠的愛。回憶為它保存了在這個世界中不再具有任何實存的東西，並使之成為一種絕對的要求。（GSZ 189）

六、自由與權威的兩極

在安瑟倫那裏，我們能看到權威之聯結與理性之自由的共存。他明白，空洞的理解力將一無所獲。但他也清

楚，僅有信仰是不夠的：「如果我們皈依於某種信仰，卻不試圖理解我們所信，這在我看來是一種草率的態度。」(GP 750)

自由 —— 不同於隨心所欲 —— 只能經由權威而獲得。同樣，真正的權威也只有在與自由的聯結中才能確立。

權威能在一種對其必然性的洞見中建立起來嗎？一種理性計劃的、人為的、非歷史性的權威只會是一種強力。它並無內涵可言。服從一些特定的指令（這在一些共同的、有目的性的活動中是不可避免的）並不使人感到不自由；這種服從是在認定共同目標的前提下的有限度的自由。與此相反，完全的服從使人感到不自由，因為在這種服從中，人不再能成為他自己；每一種人為的權威都要求這種完全的順服。

隨着歷史性權威的式微，自由也逐漸喪失了。因為自由不是憑空產生的。無所依憑的自由是內涵空洞的，因此也無法確立自身。這種自由不過是任意妄為，從客觀的心理學角度來看，它屈從於那種剝奪了它的自由之路的必然性。

自由與權威的統一是一種理想化的設想，這種統一實際上難以持續。自由與權威必然彼此分離。然後，它們互相鬥爭，強調彼此的獨立性，但同時，它們只有在這種相互關係中才能保持各自的真實性。權威一旦變成暴力，就會與自由一同摧毀自身。自由一旦變任意妄為，也會葬送自由本身。

權威與自由分裂的鬥爭不斷地在歷史上重演。它們之間表面上的完美統一只在歷史上最輝煌的時期出現過，並且轉瞬即逝。（PGO 71 f.）

可以說，一切對絕對性的追求，都使人因其對自身過於嚴厲而顯得不自然；因為，歷史上不可取代的存在之真實性總是與自我克制方面的巨大努力和強有力的意志控制聯繫在一起的。只有那些渴望真正的實現之可能性，並以強力自我克服的人，才能走上一條真正屬人之為人的道路。人踏上這條道路，過去是由於客觀權威的強迫，如今則是清醒意識到自身責任的自我所做的自由、自覺的選擇。

這種向歷史性沉入的自由是無條件的。在大眾的現實生活範圍內，這種自由與各類精神力量的權威息息相關。自由與權威之間的張力是：其中任何一方如果沒有另一方的存在，它自身也會消失——自由會變成混亂，權威會變成專制。因此，自我存在需要那些它過去出於自我實現的目的而反對過的保守勢力。它需要傳統。對於一切精神生活來說，傳統都只在權威性人物身上才得到真確的體現。（GSZ 190 f.）

為了保持自身的本色，自由需要權威。權威儘管可能被摒棄，它始終是一種必不可少的對抗性力量。自由恰恰存在於那些它自身被剝奪的地方。權威是自由的對立面，但為了避免專制和暴君的產生，雙方都有聯合起來的意願。（W 807）

七、在權威中獲得自由

被信任的權威是一種觸及本質的真正的教育的唯一源泉。個人是在他生存的有限性中開始其生命歷程的。在成長過程中，他為了汲取傳統的內涵而與權威發生關聯。於是，一種空間敞開了，在其中，存在從四面八方向他湧來。倘若沒有這種權威，即使他掌握了知識，成為了語言和思維的主人，他仍然只是被棄置於空洞的可能性空間之中，只有虛無深深地凝視着他。

在成年以後，自我的本源開始呈現於獨立思考與個人經驗之中。只有當權威保持其本真時，它的內涵才是富有生命力的。當權威變成了陌生的面孔時，自由便會起身反對它。自由只應允那些成為自身而非與自身相悖的事物存在。一度通過把握權威而成為自身的自由，也可以反過來抵抗權威（在一些現象中）。個人在權威中成長並逐漸擺脫權威。由此可以想像，一個成熟的、完全獨立的人，一個擁有回憶、抵抗遺忘的人，生活在最深層的本源之中，但同樣能以開闊的視野積極地決定自己的行動，在促使他成長的權威的基礎上忠實於自己。在他個人的發展歷程中，他需要得到支持；他生活在敬畏與聯繫之中；在他尚未能從自身的本源出發來做決定時，他需要依靠旁人為他做出決定。在他逐漸獲得自由的階段，本源在他內心裏成長為一種決定性的力量和光芒，直至他能清晰地在自身中聽到真理的召喚，並在自由中把握住真理以對抗外在要求的權

威。此時，自由對他而言已成為親身體會到的真理的必然性，自由克服了任性：在他內心，權威是一種通過他的自我存在來向他言說的超越性。（ähnl. W 797 f.）

但是，人是無法達到完全的自立和絕對的自由的。每個人都多少會有失誤，而無法成為一個整全的人。因為，即使是誠實正直的人，無論他能攀登到自由階梯的哪一級，他都不可能擺脫自由與權威之間的張力，而不對其所選擇的道路感到猶疑不定。自由的內涵迫切要求得到權威的肯定，或是反抗權威，在這種反抗中經受住考驗，才是自由可能蘊含真理的標誌，若非如此，便無法將它與任意或偶然的動機相區分。權威或是賦予自由力量，或是在反抗中給予自由以形式和支柱，並反對任意妄為。對於那些能夠自我幫助的人，權威長久地駐留於世界中。

即使有不少人能在團體中獲得真正的自由，絕大多數人仍會在這種自由中陷入無序狀態或是此在之動機的任意妄為。因此，在一切團體的現實中，權威仍是真理形式的負載者；或者，當權威走向衰落時，它仍應能從一片混亂之中以一種命運般的形式重生。（ähnl. W 799）

在權威與自由的永恆張力中有一種不息的運動，其形象引導我們回歸大全的權威。權威是真理在歷史現實中的整一性的謎語。出自所有大全樣式的真理與世界中的權力，以及承載着真理和權力的最高人類等級的匯聚，是真正的權威的本質。

我認識權威，是因為我成長於權威之中。我可以從中成長，卻不能對其進行推論和分類；我可以歷史性地研究它，卻無法自外部理解它。

權威不可忽視。我不是作為整體中的一個他者而接近權威的。倘若我只是從外部窺探權威，而從未在其中生活過，我就無法看到它的內涵；我將完全不會視其為權威。

這是部分地屬於我的超越性的命運：我因何種權威而成長為自我存在；我仍需把握何種權威，或許是它的殘餘，以便委身於它。然而，我們無法有意識地對各種權威進行比較和檢驗，從中選擇我認為最真實、最好的權威。實際上，當我認定其為權威時，我已經選擇了它。試圖以哲學的眼光在本源的連續性中尋找真正的權威，如同尋找某種目標那樣，是不可能的。

或許我能從哲學上解釋權威衰落的原因：當同屬一個整體的部分彼此分離時；當單個的真理模式 —— 無論是此在、確切性還是精神 —— 自行獨立並要求獲得自身的權威時；當權威不再具有真理本源的生命力而成為純粹的此在之權力時；當權威意欲成為純粹的個人地位，卻不再擁有世界中的權力，也不願為獲得這種權力犧牲或冒險時；當我放棄自我存在的自由，或是以一種似是而非的觀點「自由地放棄自由」時；當我不假思索地順服，而不是投入到權威的深層中去時，權威就會變得不真實。(EP 41-44)

馬克斯‧韋伯曾是權威，這種權威從未在大庭廣眾中

宣佈過，但這並不減輕責任的重負，相反，它鼓勵那些在他光明俊偉的思想中得到認許的事物的發展。（PuW 310）

即使在偉大人物面前，每一個人也都應該成為他自己。權威是真實的，但不是絕對的。（PuW 389）

11 / 教育與語言

一、通過傳承語言而成為人

個人通過傳承語言而成為人。唯有通過語言，精神遺產才能傳遞給我們。未受教育的聾啞人，只能停留在蒙昧狀態。受過教育的聾啞人則證實了，可將部分語言的發聲內容轉換成其他感官形式。但聾啞人在思考和領會上仍然有難以克服的缺陷，而啞語的傳達似乎喪失了語言創造性的精神活力。

擁有語言，可以無形中擴大個人的精神財富。俗話說：語言替我思考。因此，充分佔有語言的、富有創造力的思想家和詩人的寫作，對於我們精神性的完善是根本性的；而很多專家的著作或是專業知識的經典，由於語言貧乏，其教育意義大打折扣，甚至毫無教育意義。即使一個人外語不好，他仍能順暢地閱讀外文專業書或是報紙上的日常用語，然而要拓寬我們的思想領域，就必須研讀富有創造性的作家嘔心瀝血寫成的智慧之作。

對個人而言，源自深處的完全領悟只會發生一次，而對於語言之可能性的把握，則是通過母語實現的。所有的歷史性都是存在的根基，但若缺乏開放性和接受的準備，歷史性也會變得狹窄。語言中有意的排他性使語言有了限制。關於克服每一種語言固有的精神界限，查理五世曾

說：「我掌握了多少種語言，我就多少次地成為人。」人類存在的多樣化植根於一種在歷史中奠基的人類存在，眾多的人類便是從中而來的。在這包含了一切人類的根基中，人們試圖理解自身，並在意欲着終極之「一」的交流中向其轉化。

然而，唯有在這多樣性中擇其一而從之，人才能變得整全。因此，人也只能決定性地生活在一種語言中。正是由於人的歷史根基，並經由它，人才能踏上通往終極之「一」的道路。（W 417 f.）

二、兒童對語言的創造性掌握

我們觀察每個兒童掌握語言的過程，並將他們在 3 歲之前那種令人驚奇的語言能力的發展記錄下來 —— 這一自然的過程，同時也是對傳統的歷史性把握，其發生和實現的方式將決定他未來的整個生活。（W 395 f.）

我們在 3 歲以下的兒童身上觀察到的總是神祕莫測的人之成人的過程，是人在這一階段所獨有的原初性與天賦。一個人若要在成年之後仍然擁有這一財富，他就必須保持一顆童稚之心。不過，兒童的創造力一開始便與教他母語的人有着本質關聯，在相互影響和學習中，他的語言能力得到了發展。他放棄了自己獨創的、經證實無用的語言，這種獨創在接受了社會規範化語言的成年人看來不過是兒童一時的玩耍和戲語。語言的意義來源於傳統、社會

共同體以及不斷重複的相互傾聽和理解。人們越是清楚地認識到語言絲毫不受兒童創造的影響，就越感到語言現象的龐大堅固。因此，兒童語言發展的基本特徵是創造性地把握語言，而非全新的創造。（W 444）

三、語言與事物

人們對待語言的自然態度處於「意識」與「無意識」這兩個極端。在思考事物時，我信任語言，我無須思考語言本身，它已經做好了準備。黑格爾的語言具有一種天真的創造性，不矯揉造作、刻意修飾，他認為並不需要掌握一門語言哲學，語言不過是一堆具有意指功能的符號。只有當我們不刻意追求語言本身的時候，語言才是真實的。但唯有有意識或無意識地反覆操練一項恆常的準則，我們的語言才會變得純粹。最有力、最真實、最坦白的語言是當我們完全是自己並對事物投入關心時自然流露的語言。

每個人都必須掌握語言。但至關重要的是通過研習語言作品中的內容，間接地掌握語言。

事物的樣貌取決於歸屬於它的語言表達方式。對事物的洞見越深，語言表達的水準越高。（W 440）

四、語言的欺騙性

言說者在語言表達中被完全歪曲。人可以借助語言而獲得一個世界，但隨後，語言便顯現出它在人與事物之

間自成一個世界的特性。人們苦心經營、意圖借助語言使他人理解的內容，卻成為後人口中不知其意的、可隨意使用的習慣用語。那些深邃的表達也變成了實用性的語言。結果，一大堆空洞無物、歪曲原意的語言控制了人們：人們就讓這樣的語言操控着，忘記了周圍的世界與自身。他們的教育只是為了培養語言能力，而非認識事物的能力，只教授一系列言說方式，而不注重塑造他們的性格。未經加工的、未被照亮的種種現實性被習慣用語遮蔽而無法成型。語言的欺騙是一種虛假的生成，它使尚存的現實性不知所措地粉碎在一片喧嘩之中。（W 428 f.）

12 / 教育與文化

一、經驗教育

個人通過思考實現自我教育，由此把握歷史流傳下來的研究成果；不應簡單地將這些研究成果視為一成不變的學習對象。學習只是個人參與認知歷程的一個時刻，只有在加深個人思考的本己經驗中，這種認知歷程才是真實的。現存世界中沒有可以簡單學習並輕鬆掌握的東西。

由於一切認知都是在經驗與思考的合一中實現的，經驗與思考缺一不可。認知的廣度取決於經驗的廣度，同時也取決於對經驗加以追問和深思的程度。（W 263）

新的經驗唯有在原有認知的基礎上才是可能的。經驗作為一種觀照，總是建立在已有的結構之上。對於一個完全無知的、在觀照方面未受過教育的人，甚至無法向他清楚地「指出」認知對象。（W 262 f.）

學習是通往真理之途。假如真理曾在過去向人們敞開過，那麼通向真理之途就是對過去的研究，但要分辨個中真偽並非易事。學習 —— 並非純粹的獲取知識，而是內化於心的學習，才是通往真理之途。對於已存在的真理，不要死記硬背，而要使其深入內心，從而能夠身體力行。（GP 159）

學習是德性的保存。孔子所理解的教育，是以學生的

德性生活為前提的。年輕人應當敬愛父母兄弟，誠懇待人。品行不端的人將永遠無法得「道」。當看到一個學生大模大樣地坐在長輩的座位上時，孔子說：「吾見其居於位也，見其與先生並行也。非求益者也，欲速成者也。」修身過程也包含技藝的學習：禮、樂、射、御、書、數。在此基礎上開始學習讀書，才能有所成效。

有意義的學習過程是：能夠意識到困難，並通過無盡的努力克服困難。好學者能日三省其身，能夠溫故知新，因為他以嚴肅的態度對待生活。求學的道路並不容易：「可與共學，未可與適道；可與適道，未可與立；可與立，未可與權。」因此，年輕人在學習時要「學如不及，猶恐失之」。但是對於擔心自己沒有足夠學習能力的學生，孔子說：「力不足者，中道而廢，今女（汝）畫。」過失不應成為行動的障礙：「過而不改，是謂過矣。」他讚美最鍾愛的學生（顏回）「不貳過」。

在談到與學生的關係時，孔子說：「不憤不啟，不悱不發。舉一隅不以三隅反，則不復也。」但考察方式也並不是要求即刻作答：「吾與回言，終日不違，如愚。退而省其私，亦足以發。回也，不愚。」孔子不做過分的讚揚：「吾之於人也，誰毀，誰譽？如有所譽者，其有所試矣。」

孔子描述自己的學說：「我非生而知之者，好古，敏以求之者也。」孔子注意觀察同行之人，擇其善者而從之，其不善者而改之。他不是不知而作者：「多聞，擇其善者而

從之；多見而識之，知之次也。」他的進步是與日俱增、隨着年齡而長進的：「吾十有五而志于學，三十而立，四十而不惑，五十而知天命，六十而耳順，七十而從心所欲，不踰矩。」

一切學習的意義在於實踐。「誦詩三百，授之以政，不達；使於四方，不能專對。雖多，亦奚以為？」

學習時，重要的是內在的養成。「小子！何莫學夫詩？詩可以興、可以觀、可以羣、可以怨。邇之事父，遠之事君，多識於鳥獸草木之名。」「詩三百，一言以蔽之，曰：『思無邪。』」

另一方面，人若不學習，美德便會隨之退化：「好仁不好學，其蔽也愚；好知不好學，其蔽也蕩；好信不好學，其蔽也賊；好直不好學，其蔽也絞；好勇不好學，其蔽也亂；好剛不好學，其蔽也狂。」

二、生活秩序教育

禮：禮俗可以保持秩序。引導人民的是禮俗而非知識。禮俗培養整體精神，而整體精神又轉而賦予禮俗以靈魂。個人唯有通過實踐社會團體的美德才能真正成為人。禮是對所有人的持久的教育。禮是生活的形式，它在生存的各個領域中營造一種恰如其分的氛圍，使人以嚴肅的態度對待事物、彼此信任與尊重。禮以普遍性引導人，而教育使禮成為人的第二天性，如此，普遍性便被視為自我本

質的一部分，而非由外在強力構成的事物。（禮這種）形式帶給人堅實、穩定與自由的感覺。（GP 161）

孔子使人們意識到作為整體的禮，他對禮進行了觀察、搜集和整理的工作。整個中國禮教世界呈現在眼前：行走、問候的禮儀，與人交往的分寸，以及在不同情境中具有不同的形式的禮儀；獻祭、慶典的方式；生死婚喪的儀式；管理的規則；工作的節律，一天、一個季節、一個生命階段的安排，持家之道與待客之道；為父者和司祭的責任；宮廷與官員的生活方式。舉世聞名而備受詬病的中國生活秩序形式持續了數千年，它為一種無所不在的秩序目的所支配，生活於其中的人們一刻不能違背它，一刻不能損害它。

但是，孔子所謂的禮並沒有絕對的性質。「興於詩、立於禮、成於樂。」正如純粹的知識一樣，缺乏充實其中的原初性、無助於人性實現的純粹形式是沒有價值的。（GP 161）

「人而不仁，如禮何？」「居上不寬，為禮不敬，臨喪不哀，吾何以觀之哉！」「吾不與祭，如不祭。」（GP 162）

三、愛作為教育的根本力量

只有現代心理學家才認為，當他們為某人做出鑒定時，就算是真正了解這個人了。一個人的本來面目，只有在愛他的人眼中才會顯現出來；因為真正的愛並非盲目

的，它恰恰使人的眼睛明亮。柏拉圖眼中的蘇格拉底，是真正的蘇格拉底 —— 根據這一理念，色諾芬以一種清晰可感的形象，栩栩如生地再現了蘇格拉底。（GP 244 f.）

愛的維度 ——

愛將生命提升到了真正的存在的境界，它是超越了感官的直觀。

愛迫不及待地要在世界、教育與人類實踐中表現出來，並將其所見的本質印刻在此在之中；根據柏拉圖的觀點，愛是對美的見證。

為了最大程度地實現人的潛能，愛會在相同的水準上與愛相遇；愛在與愛的交往中成為自身。

愛的三個維度，即昇華、實現潛能與成為自身，是其緊密相連而不可分割的部分。（W 1008 f.）

愛的施與，比如在教育中對年輕一代的愛護，並非屈身俯就 —— 除非你被統治的慾望迷惑了內心或是僅為圖利而實施教育，它是一種自我昇華。（W 1009）

愛在相互存在中實現，一個真實的自我與另一個真實的自我在彼此互愛中聯繫起來，這樣，一切事物才能在存在的光輝中敞亮。（W 1009）

一個自我與另一個自我之間愛的溝通包括了對一切事物、對世界和對上帝的愛。隨着溝通內容的增多，溝通本身也愈加進展。溝通的達成有賴於客觀內容，而這些只有通過互愛的人才變得實在起來。（W 1011）

四、藝術教育

在過去的時代中，造型藝術、音樂與詩歌使人全身心地受到了震撼，正是憑藉這樣的藝術，人才能在其超越性中在場。假如世界破碎了，而藝術卻通過對世界的變形而獲得自身的形式，那麼就會產生如下問題：藝術創造者去何處發現那休眠中的、唯有通過創造者才能進入意識並得到發展的本然存在呢？今天，藝術似乎被此在催迫着向前，此在不再是藝術賴以安憩或是充實其內涵的神壇了。如果說，幾十年前的印象主義中尚留存着觀照的安寧，自然主義至少還把當下作為藝術創作的素材，那麼在今天，世界呈現為事件的川流，似乎完全不讓藝術創造性的目光在其身上駐留片刻。我們已不再能感到一個可以在藝術中顯現的共同的精神世界；世界變為一種強大無比的現實，它是無言的昏暗。面對這種昏暗，歡笑似乎與哭泣一樣無力，反諷也變得暗啞。嘗試以自然主義的方式把握這種現實，只會使自己被吞噬。描繪個人的痛苦，準確地把握當今時代的獨異之處，或是在小說中陳述事實，固然是一種成就，但仍然不是藝術。今天的時代狀況看來已經配不上人類的雄偉，這使得造型藝術與悲劇藝術一樣失去了可能性。

今天，藝術應當像以往一樣，讓人們在其真正信奉的形式中感受到超越性。看來，藝術重新告訴人們上帝是什麼、人自身是什麼的時刻已經臨近。但我們仍然必須回過

頭在久遠的歷史中去看人類的悲劇與真正的存在之光輝，並非因為過去時代擁有更好的藝術，而是因為那時的真理至今仍然適用。我們與處境相同的同時代人雖在真正追求，但我們清楚，我們尚未能透徹理解當前的世界。（GSZ 129 f.）

藝術美最終在「美是道德的象徵」這一信念中獲得了意義。天才典範性的創作是不可取代的，因為藝術可以拓展思維方式，通過美的形式的可傳遞性實現羣體教育，培養超驗意識，為接受道德觀念做好準備。（GP 505 f.）

藝術可以使純粹觀照的內容完成為形象。藝術欣賞可以帶來震顫、神馳、愉悅和慰藉，這是理性無法望其項背的。藝術作為觀照語言，帶來了一種沒有任何缺憾的完滿。（Ph 285）

悲劇的意圖更進一步，即實現靈魂的淨化（Katharsis）。淨化究竟是什麼？這一點亞里士多德本人也沒有澄清。但無論如何，它是一種與人類自身存在息息相關的本有（Ereignis）。它不只是純粹的觀看，而是在觀看後受到感動，從而使自身向存在敞開，通過洗淨此在經驗狹隘而虛假的掩飾、陰暗和膚淺，而把握住真實。（W 923）

孔子認為禮和樂是教育最重要的因素。人們聽的音樂對羣體精神具有決定性影響；個人則在其中找到規範生活的動力。因此，為政者支持或禁止音樂應當遵循一定的標準：「樂則韶舞，放鄭聲……鄭聲淫。」（GP 162）

「知樂，則幾於禮矣」，「大樂必易，大禮必簡，樂至則無怨，禮至則不爭」。但音樂與禮一樣，本身並不是絕對的：「人而不仁，如樂何？」(GP 162)

五、宗教教育

由教會流傳下來的宗教密碼語言是無可替代的。禮拜的經驗與教理中的思維形象是盛放超越實質的容器。兒童也應從小被帶入一種他生活於其中但尚未理解的現實。圖畫、譬喻、氣氛和慶典可以使兒童接觸人類無法憶及的遠古。然而，要完全理解這些事物，即使學習一輩子也是不夠的。(AZM 348)

應讓兒童在潛移默化中接觸古典文化與《聖經》，唯有嚴肅地對待它們，他長大後才能意識到，這是西方文化的基礎。不要將古典文化與《聖經》作為權威灌輸給兒童，而是要讓他懂得傾聽這些傳統，並將其化入當下。(PuW 389)

學校要開設宗教課程、《聖經》史、教理和教會史等課程，讓一些想像無形地融入兒童的性情中，儘管這些想像一時不會產生特別的影響，但對兒童來說，這筆精神財富將伴隨他終生，使他受用無窮。(PuW 374)

13／作為過程的陶冶

　　真理意識並不簡單地現存於直接性之中。它更多地需要在時代與時代中的人身上重新培植生長。人們在後天的陶冶過程中，以傳統培養真理意識，就我們的記憶可及之處，這種陶冶過程發源於古希臘，在亞洲以及史前時代那充滿神祕色彩的幽暗中就已萌生，真理意識通過個人在團體中的內在行動，自世界經驗中成長起來。（W 2）

　　我們區分大全的方式就其思想存在而言是歷史性的，是西方的陶冶過程的產物：我們的祖先就是在其空間中生活和思考的。他們通過自覺的思考來把握這些大全樣式。我們在這些空間中被喚醒，通過大全樣式體驗那尚可觸及的本源。同時，通過對大全樣式的思考，我們得以保存所思之物的真理性，並在「一」中將其把握。（W 125）

　　完滿的真理從不是單純地憑藉哲學思考而產生的，相反，它誕生於一個自我建構的世界中教育與自我教育過程。不過，哲學可以在與這種命運的共生中清晰地表述真理是什麼。這是哲學邏輯推理的意義。（W 3）

　　作為理性工具的邏輯已成為每個人的陶冶過程中的一部分。假如這種邏輯是成功的，我們自己必定會完全投入其中。因為，培養清晰、開放、公正的意志，其意義有甚於成就某種單方面的知識或是對客觀世界的認識。清晰、

開放、公正的意志是我們意志的本質，它是無條件的，不從屬於任何其他意志，它為我們內心的其他事物指明空間與道路。

人們或許會認為，在上述要求下，邏輯應當具備一種主觀而浪漫的性質。其實不然。理性的陶冶過程在個人對自身的回歸中贏得了存在客觀性的整個廣度，或者反過來說：它通過打開人類存在的歷史性中的每一種存在方式而使個人的心靈深處無限地敞開。他發現自己處於澄明的存在之有效性中；它清晰可見，但唯有對於那些通過自我教育而使目光變得明澈的人來說才是如此。唯有當個體能建構忠實於自身的習得方式，直至其本質的每一分支，以便為存在打下基礎，存在的有效性才會進入無遮蔽的當下。邏輯不應當是主觀的，它應當獲得生存的特質；當邏輯是哲學性的，它就具備了這一特質。(W 10)

一、思維的陶冶過程

1. 根本的問題是本源問題，但它不是我們首先遇到的問題。在陶冶的過程中，我們首先觀看、經驗和理解世界上的事物，並將具體的知識傳統吸納於自身。這便導致探尋者在諸多分散的目標中，在目標的有限性 —— 它缺乏絕對的根據，以及無限的可知性中躁動不安。他開始對流行的知識中所包含的矛盾、對他曾聽過和發表過的各種言論感到驚訝，於是，他試圖尋找寓於萬物的「一」，即人類的

終極目標、原初基礎、世界整體，以及上帝。

2. 如果每一種陶冶的道路都指向同一個根本問題，那就不必像盼望世間一切事物都有解答那樣期待某種答案。作為人類存在之歷史性內涵而流傳至今的宗教和形而上學的解答處於一切知識的邊緣（如果這些解答不是對客觀事實的強制性的、無信仰的絕對化，而是在信仰和領悟中實現了與存在本身的接觸的話）。人們將從神聖書籍中偉大的歷史性象徵與寂寞的哲學思考中窺見這些答案。人們將其作為獨特的事物來理解，唯有在其獨特的本質中才能把握其真理。應當澄清本源的空間，存在意識在其中得到實現，而對它的表述本身就是答案。這些存在意識在人類的知識、意願和行動中得到了證實，它們藉此從黑暗地帶走向了敞開的境地。

3. 對問題的正確理解能夠首先在答案之中顯示自身。答案如此地顯示其真理性，就彷彿問題的諸歷史形象與給出的回答是由之出發而得到理解的，通過一種奠基性的意義關聯而被吸收到它的真理之中，被拋棄到它的錯誤之中。考慮到哲學思考的宏大構想與它可能帶來的災難，我們既不能將所有思想匯聚起來以實現這一目的，也不能通過強制性限制使一切歸屬於某種假定的根本特質。理解根本問題的前提在於，這種理解應當更多的是一種哲學態度，是在對自身存在的不斷把握中使探求真理的熱情獲得理性的審慎。唯有理性的審慎，才能看到對立場、思想與

象徵的反覆探究所能達到的廣度，最終，本源的質樸性會從中顯現。（W 36）

二、以理性陶冶意識

通過理性來陶冶意識在永遠無法完成的整體中趨近真理。對意識進行陶冶，是為了使它能向着真理的統一性自由地敞開。對意識的陶冶發生在真理範圍以及由此而來的可傳授性範圍的持續拓展中。

狹隘的意識在固定的真理中獲得自身的根基與力量，而拓展的意識則鬆動自身，以便參與一切可能的真實存在的領域。這種鬆動並不導向無政府主義，而是向着真正的秩序邁進，在那裏，所有的真理都同時具有自身的界限，而其基礎和力量來源於那客觀上不可把握的「一」。充分發展的意識所面對的真理形式越廣泛，它作為行動的指引就越純粹。在此，我對狹隘的意識受到陶冶而變得開放的過程做一描述：

1. 我們交流談話，彷彿每時每刻都在意識的媒介中意指着同一個真理。我們預設在一個均質的平面上存在着同一個真理。

然而，鬆動的、與此同時通過秩序得到鞏固的拓展的意識追問：真理適用於何種範圍？它在什麼意義上，出自何種本源，在何種界限和前提下生效？

2. 我們持續地交流談話，彷彿我們從屬於一個感覺、

動機、價值判斷與道德標準都完全一致的團體。這發生得如此自然而無條件——但只是在一般情形下——其根源卻是不可靠的。一旦遇到威脅，我們就會屈從於內心強烈的衝動。

但是，對拓展的意識的陶冶是從一切開放的理性中成長起來的。本源以及由此而來的本真性絕對地照亮了意識的陶冶，而將狂熱的情感融化。自我存在的力量將被喚醒，以便穿透歷史性的基礎，清晰地意識到我從何而來、我身處何處，並使我向真正意義上的交流敞開。

3. 人們傾向於將確定的知識作為普遍有效的終極知識。

然而，理性的陶冶是一種講究方法的訓練。一切固定的東西雖然必不可少，卻始終彷彿飄浮在半空中。通過具有一定質量的培養，拓展的意識會得到陶冶，人們也會從中相應地形成思維和行為方式，而不只是獲得內容知識。（W 689）

三、「此在」與精神世界

由於人實現此在整體的過程是沒有終點的，因此，他超越於此在之上，為自己建造了一個第二世界。在這個空間裏，他通過交流了解自身存在的一般形式。無疑，作為一種精神存在，他同樣與他的此在之現實性緊密相連，但是，當他向上飛昇時，他達到了這樣一種境界：在一瞬

間，他脫離了單純的現實性，回歸於他憑藉精神的想像和創造而形成的存在中。

從這樣的本源出發，第二個世界是在第一個世界中形成和被發現的：個人通過對其自身存在的認識而超越給定的此在。他憑藉他的教養，完成精神飛躍的過程，而此在的日常操持也通過滲透於其中的觀念的意義而成為這一精神過程的一部分。精神通過藝術、科學和哲學創造了自己的語言。

精神的命運維繫於此在之依賴性與原初性之間的兩極對立。在單純的依賴性中，正如在想像的虛構中一樣，精神已蕩然無存。即使精神是此在的現實背後的理念，這一理念仍然可能消亡。而那曾是精神的事物也可能作為一個軀殼、一副面具、一種單純的刺激而在殘留物中留存下來。

在我們這個以大眾秩序、技術和經濟為主導的時代中，倘若人們試圖將這種不可避免的制度絕對化，那麼，精神就會連同人類存在一起面臨從根基上被摧毀的危險：正如國家作為人與人之間的聯盟能被摧垮一樣，精神也能被毀滅——一旦它不再由本真的原初性生發出真實的生命，而只是成為大眾及其有限目的的附庸。(GSZ 112 f.)

四、作為生活形式的陶冶

陶冶是一種生活形式；它以作為思想能力的訓練為支柱，而有秩序的知識則是其發生的場所。對現成事物的形

式的直觀、高度準確的洞見、關於事物的知識以及運用語言方面的熟練，都是陶冶的內容。(GSZ 113 f.)

根據一種深入人心的觀念，無須理性的恆常運動，陶冶的塑造作用一樣會受到科學的強化與限制。不過，在形成人生態度方面，陶冶必須為人們提供廣闊的空間，使人們儘可能地運用理性來探索不同的道路，全面地展開精神運動。(Idee II, 34)

對人的培養的一個關鍵要素就是他賴以獲得歷史知識的陶冶。這種陶冶，如同世界與宗教的歷史現實的語言一般，是活生生的。同時，陶冶也是交流、喚醒和自我實現的媒介。了解和掌握過去，是為了使人們能夠從已獲得的可能性中真正地成長為自己。(Ph 635)

具有陶冶作用的思考發生在意圖整體地塑造人、使其本質充分表達的陶冶活動中。這種陶冶活動如同遊戲，因為它除了自身之外並沒有其他目標。它與遊戲的不同之處在於它體現了人類存在之理念的嚴肅性。這一理念帶來了一種連續性，它使教育行動自身成為已獲得的教養的表達，以及通往未來的陶冶的路徑。

教養不是對知識的佔有，而是對精神內涵的汲取。伴隨着這種汲取，某種知識同樣會得到增長。但是，當這種知識成為陶冶的要素之一時，思維、行動與認知的已獲得的形式就會從中顯現出來。這樣的知識並不是陶冶本身。純粹的知識是達到某種目的的手段，人們可以運用這些知

識，但對於人而言，它們始終是外在的財富。然而，具有陶冶作用的知識，卻能改變人，並成為他們的本質。就歷史而言，在布克哈特看來，知識的意義不是教人「吃一塹長一智」，而是使人永遠睿智。實用知識以限定其有效範圍來確保其預見性；具有陶冶作用的知識能夠發揮效用，只是其作用無法預測。

教養並非自個人與生俱來的天性中自然形成，它是歷史性地獲得的。誠然，陶冶的過程可能會借助某些理念與想像，但陶冶首先是以偉大的形象以及對圖像的深刻觀照來充實心靈的。陶冶是使歷史上傳承下來的直觀觀照在一目了然的秩序中呈現於當下。

毋庸置疑，每個人都具有個性。陶冶則意味着，在塑造和發展這一天然給定的特性的過程中，使人自身的活動、意識與其特有的世界的形式逐漸趨向一般形式，從而使這一般形式在個體的構造中呈現為獨一的個性。

教養因此也就成為人的第二天性。因為教養不是天生的，它與傳承、教育、祖輩與家庭以及促使個人覺醒的社會團體的本質息息相關。一個民族的精神層次取決於這一民族的陶冶方式：人們追隨哪些他們尊敬的偉大人物？如何看待其本質並將其樹立為標準？

陶冶活動是一種思想活動。隨着時日流逝，我通過這種思想活動將我的行動置於法則之下，這一舉動的意義與其說是消極的，不如說是積極的。舉例來說：在精神活動

中，時常會遇到這樣的問題，我在此刻或在這一狀態下，是否有權做某事？——唯有內心衝動的內涵才能回答這一問題，這種衝動拒絕純為打發無聊，而沒有內心的強烈意願時就去劇院觀看《哈姆雷特》的行為。陶冶需要伴隨每日嚴格的紀律，但它主要來源於精神內涵貫穿始終的嚴肅性，它不是單純的形式和秩序。當靈魂暫時消遁於乏味的時光中時，這種單純的秩序或許還有其效用與存在的價值。我不可踐踏自己的靈魂，也不可踐踏精神作品，兩者互為一體，唯有受過陶冶的、當下澄澈的良心才能無條件地做出決定。（W 353 f.）

五、陶冶的構造

有價值的和無價值的陶冶 —— 陶冶可以說是使個人在世界中找到某種定位的途徑，個人通過接受傳承下來的範疇和方法，在知識內容與成形的存在圖像中獲得這種世界定位。實證主義和唯心主義作為世界定位的兩極，意味着陶冶的可能範圍。我們無法越過世界，因為我們唯有通過世界才會變得真實。即便是最大程度的陶冶也無法使個人成為存在，而只是為其實現創造條件，但狹隘的陶冶卻必然意味着與之相應的狹窄的此在之範圍。

總體來說，陶冶是一種成為了真正的此在的意識。在受過陶冶的人眼中，世界與萬事萬物並非雜亂無章或是彼此孤立的，它們在清晰構建的視角中呈現。他並非依據理解力的機械原則，而是出於非個人化的理念的實質來行動。

就獲取思想形式與知識的可能性而言，陶冶是理論性的；不過，它同時也是態度與行為的第二天性，契合某種具有歷史有效性的理念，就這一點而言，它又表現出實踐的性質。

從實證主義的角度來看，陶冶是現實的知識，但它以一種有根基的知識的形式呈現──對此，我知道我如何和怎樣知道，也知道什麼是我所不知道的。陶冶在其發問能力中確證自身，在具體的情況下，這種發問能力能憑藉所獲取的知識直接探尋到事物的根基。在其中，令人信服的知識、事實的實證性，以及創造的可能性都有其意義。從唯心主義的角度來看，陶冶是對整體的參與，它是構造與圖像的實現狀態。在其中，經驗不可證明的觀念，以及借助它們在此世界中構造一個直觀的草圖的能力具有其意義。陶冶使受教育者之間的交流成為可能，這種交流越過了令人信服的知識而深入到世界存在的內涵。在實證主義一極，陶冶意味着培養有目的地控制事物的技術能力，以及作為真正的理解力的前提的語文學能力；在唯心主義一極，這種對內在精神世界的理解得到了充實，並且能夠創造性地把握從醫學治療到作品設計，直至實事求是的行動的一切事物。(Ph 203 f.)

六、陶冶的歷史性

歷史性回顧。所謂有教養的人，是指為某種既定的歷史觀念造就的人。一個由想像、表達、價值觀念、處事方

式和能力交織而成的整體構成了他的第二天性。古希臘人的教養觀念是身心健全；古羅馬人的教養觀念指的是有節制的行為與責任感；英國人的教養觀念是指紳士風度。這些教養觀念可以通過四種不同的方式進行劃分。可以根據人們的階級出身：騎士、牧師、僧侶、市民；可以在精神領域內區分：社交名流、藝術家和詩人、學者；可以按照主要的技能領域：詩歌和體育方面的訓練、學院的知識與技能、語言與文學方面的訓練、技術與自然科學方面的知識；最後，可以按照人們接受教育的場所：古希臘的體操館、露天集市裏的公共生活、王室法院、沙龍和大學。對所有的教養理念來說，共通的是一種形式與自我約束，以及這樣一種意識：教養必須通過實踐而成為人的第二天性，彷彿這一切都是與生俱來而非後天習得的。

有時，整個民族會接受某個特定階層的教養理念，將其作為民族的教養理念。這樣，我們就不難理解英國紳士和法國人那種整齊劃一的個性特徵了。不過在德國，還沒有哪個階級發展出一種有足夠感召力的教養理念。因此，德國人缺乏一種規整的教養，顯得粗野。對德國人來說，教養始終是個人的私事。

人們總是把陶冶的結果 —— 而非陶冶過程本身 —— 作為一種要求社會特權的資格。在希臘化的埃及，經過陶冶而轉變為「希臘人」的男性青年就有資格擔任市政職務。而在古代中國，通過科舉考試就可以進入士大夫階層，

成為政府的官員。在德國，有教養則意味着擁有高級中學的畢業證書，而在過去，只有人文學校（humanistische Gymnasien）的畢業證書才有這種效力。沒有獲得這類學校的畢業證書就無法接受高等教育，從而也就意味着沒有從事特定職業的資格。（Idee III, 78 f.; ähnl. II, 33 f.）

七、陶冶與古代世界

在西方國家，在對大眾的疏離中，針對廣泛的社會階層的陶冶迄今為止都只是在人文主義這一條道路上取得成功的。但是，對於個人來說，其他的道路也是可行的。凡是在青年時代學習過希臘文和拉丁文的人，凡是讀過古代詩人、哲學家和歷史學家作品的人，凡是通曉數學、研讀過《聖經》以及本民族少數幾位的偉大作家作品的人，都可能進入一個生生不息的、開放的世界，這個世界將賦予他一種不可剝奪的內在價值，授予他開啟其他世界的鑰匙。但是，這樣的教育的實現，同時也是一種篩選。並非每一個接受教育的人都能收穫真正的內涵，很多人除了學到一些淺表的東西之外一無所獲。決定性的因素不在於掌握語言、數學或是一種現代文化的內容所需的特別天賦，而是要有一種接受精神影響的準備。人文主義的教育是對個人施加有選擇的影響的教育。只有這種教育才具有令人驚奇的性質，即便是不稱職的教師，也能達到某種結果。一個閱讀《安提戈涅》的人，即使對於僅教給他語法和韻律而不

教給他任何其他東西的教學方式產生了反感，他仍然能夠從他面前的這個文本中受到深刻的影響。

人們或許會問，這種人文主義教育為何具有如此顯著的優點？答案與人文主義教育的任何理性的目的性無關，對此，我們只能在歷史的線索中追尋。事實上，古代世界提供了塑造西方人的所有基礎。在古希臘，關於陶冶的思想第一次被充分地實現和理解，並且從那時起，就一直適用於每一個理解它的人。在西方，人類存在的每一次偉大提升都源於與古代世界的重新接觸。當古代世界被遺忘時，野蠻狀態便會復蘇。正如脫離了根基的東西必然漂泊無依，倘若我們失去了與古代的聯繫，情形也是如此。儘管我們的根基可能會發生變化，但它始終是這個古代世界。與這一基礎相比，特定民族的歷史只是在從屬的地位上發揮作用，而並不具有獨立的陶冶力量。我們是各自屬於某一民族的西方人，而每一個民族都是在接受古代文化的基礎上形成的。然而，對於今天的大眾來說，古代文化至多只是被容忍而已。真正意識到其重要性的人，卻是鳳毛麟角。(GSZ 114 f.)

我們不要被下述狂妄言論震懾住，即認為我們所處的時代已超越了人文主義，人文主義已是沒落階級的歷史陳跡。當專制力量企圖排除異己、扼殺人類真正的精神需求時，這種錯誤而膚淺的說法才會大行其道。

人文主義本質上關乎教育。它以最純粹的形式和最簡

潔的表達將最深刻的人類內涵傳授給青年。保留人文學校，使有天賦的兒童通過掌握古代語言汲取最寶貴的文化遺產，這樣的做法並不過時（放眼當下，這已是唯一可能的道路）。所有西方兒童，除了熟悉《聖經》以外，還應熟悉古代歷史，熟讀古代著作的翻譯，了解那個獨一無二的時代的偉大藝術。

然而，當今對人文主義的宣傳也有不少誤導人的地方。（RA 332）

脫離歷史，僅從一種空洞的人的觀念出發，是無法產生新的人文主義的。

不過，有一種未來的人文主義是值得期許的，那就是將中國和印度的基本人文思想納入西方文化，從而發展出一種帶有不同歷史背景的、全世界居民共同享有的人文主義。這種人文主義包含多種歷史的表徵，而它們各自也因彼此了解而變得更加完滿。

但更關鍵的是，人文主義並不是終極目標。它只是創造了一個精神空間。在這個精神空間中，所有人都可以且必須為獨立而鬥爭。（RA 334）

14 / 科學性的陶冶

　　大學教育的特色是科學性的陶冶。它培養的是這樣一種能力，即可以為追求客觀知識而暫時懸置自己的價值觀點，也可以不偏不倚地分析事實而將偏見與當前的意願擱置一旁。科學性即事實性，它要求對工作專注，要求仔細思量以發現相反的可能性，要求自我批評。它不允許一個人隨心所欲地考慮問題，也不允許只顧其一而不及其餘。科學性的獨特之處在於懷疑與問難的態度，在於做出判斷時的謹慎，以及對命題的邊界與有效性的檢驗。

　　科學研究和職業教育都具有陶冶功能，因為它們不只傳授事實和知識，更能培養一種科學的態度。學生不只從中獲得事實性知識，同時也能改變固守己見的態度，避免狂熱和盲目。自我克制的經驗本身正是認識絕對真理的前提。對於世界之廣闊的體驗是通往超越性存在的跳板。因此，科學的態度不僅有助於獲得知識，更重要的是，它能培養人的理性。

　　熱衷於研究和解釋的強烈意志促進了人文素養的發展：能聽取辯論，有理解力，能兼顧他人的觀點來考慮問題，誠實，自律，始終如一。

　　不過，這種教養是自然而然的結果，而不是可以刻意計劃的目標。倘若以此為目標而使陶冶脫離學術工作來確

立其發展方向，那麼在此過程中喪失的恰恰就是教育直觀上的意義。如果「人文主義」教育取消了語文學和方法論，而只提供優美的事物作為賞玩和談論的對象，那麼它就是一種欺騙。或者，我們會對那種使我們服務於宗教需要的陶冶方式心存渴望嗎？大學不同於教堂，容不得宗教敕令和神祕啟示，它也不是一個容納先知和傳道者的地方。大學的宗旨是在理性王國的領地內，提供一切必要的工具和可能性，引導每個人開闢全新的知識疆土，引導學生無論在做什麼決定時都能反躬自省，引導他們注意培養自身的責任感，使之在其求學過程中得到最大程度的喚醒和提升，成為清晰的自覺。大學要求學生具有一種堅定不移的求知意識。既然求學過程與個人的主動性是並行的，大學就應該最大程度地培養個人的獨立性。在大學的領地內，除了不可窮盡的真理以外，沒有任何權威；而對於真理，一方面，任何人都可以追求，但另一方面，誰也不能說自己掌握了最終的真理。

由大學的理念而實現的陶冶本質上根源於求知意志。這種求知意志的目標是認知。在這種教育中成長的人是堅定而謙卑的。單純依靠知識無法洞見此在的終極目標，但就求知而言，卻有一個終極目標，即認識世界。(Idee III, 79 ff.; ähnl. II, 50 f.)

一、科學內涵的陶冶功能

自然科學與人文科學的教育理念在風格上迥然有別。自然科學的現實主義與人文科學的人文主義似乎完全是兩種教育理念。這兩種類型的教育都要仰仗科學研究，只是，一個是通過觀察和實驗熟悉自然現象，另一個則是通過理解來熟悉人類的書籍和作品。

在人文科學中，我們將研究範圍限定在精神可理解的事物中，對於從精神的角度難以理解的存在現象，諸如地貌的形成、人種和自然災害，則視為研究的邊界和陌生事物。然而我們的存在卻受制於這些不可理解的事物，這正是自然科學應當努力認識和解釋的部分。

人文學者與科學家都傾向於認為自己的學科才是真正的科學，至今尚未有一種盡善盡美的教育理念能使人文主義與現實主義融會貫通，相得益彰。這種理想狀態只在少數人身上出現過，比如亞歷山大·洪堡和馮·貝爾。

人文科學的教育價值在於參與人類歷史，它使人認識到人類可能性之廣闊。即使在學科研究手段（語文學）已被遺忘的情況下，研究所得的成果仍不失其價值。從黃金時代的神話、雕像與文學作品中汲取營養，這本身就具有教育價值。

自然科學的教育價值在於培養精確觀察的習慣。僅就教育的內容而言，自然科學比人文科學遜色得多。在物理學和化學中，結果相對不那麼重要，但得出結果所遵循的

方法卻是富有教育價值的。除了結果以外一無所知的自然科學家，擁有的只是僵死的知識。因此，單純地掌握結果和答案，是與精神教育的目標背道而馳的，甚至還會導致將科學奉為權威的迷信教條。許多人眼中最緊要的、將若干科學成果武斷地整合為一個體系的做法，對自然科學家而言實際上是最沒有教益的。一條我無法獨立驗證其效力的知識，不僅缺乏所有正面的教育價值，反而具有破壞性作用。這些根本上無用的體系所能產生的影響，不過類似於古代的神話傳說。抽象空洞的體系取代了神話世界，貧乏的世界取代了內涵豐富的整體，與大自然充滿活力的、生動的交往也被一些蒼白的自然科學觀點所取代。如今，世界已被「祛魅」，這不是由於自然科學本身的緣故，而是由那些將自然科學的結果奉為教條的心理所導致的。

上述情形尤其適合於精密科學。精密科學以其精確和整潔而居於科學之首，在包容所有知識假設的前提下，將其整理得眉目清晰。它們進一步證實了康德的論斷：只有運用數學方法，才會有真正的科學。在這裏，一切都取決於我們接下來是否採取更深入的觀察步驟，而不取決於我們是否接受既有結果。更不必說自然科學的領域實際上是無窮無盡的。無機物的王國尚且包含數不勝數的元素結構，一個表現為有機生命的實體，則更是神祕莫測、不可思議。康德寫下的一句話至今仍然有效：「毋庸置疑，根據純粹的機械原則，我們根本無法充分理解，更不用說解

釋有機生命與其內部潛在的生活。同樣可以確信的是，如果有誰盼望出現另一個牛頓，這個牛頓可以用未加深刻審視的自然法則解釋哪怕一小片草葉的生長：對於這樣的做法，任何人都可以斷定其為荒謬絕倫。」今天，生命科學的研究已經取得了驚人的進展。就其內容而言，生命科學具有相當大的教育價值。生命的千姿百態為人們打開了一個嶄新的世界，澄清並加深了我們與自然與生俱來的密切聯繫。教育的價值完全取決於知識成果在多大程度上被轉化為實際的觀察、沉思和對周圍世界的把握。（Idee III, 81 ff., ähnl. II, 35 ff.）

二、成人教育的要求

在接受了無關痛癢的、隨意湊合的教育之後，成年人並未被世界接受，而是被遺棄在一旁，並開始意識到這一事實。這時，成人教育的要求便成了時代的症候。過去，成人教育的宗旨只是在更大範圍內傳授知識，唯一的問題是普及率。而今天，更緊迫的問題卻是，是否可能以當代生活為源泉，在由普通的教育者、工人、僱員和農民組成的社會中形成一種新的教養。那些被遺棄的人們將不僅能在現實中找到自己的方向，還能重新歸屬於一個超越職業和黨派的共同體。人們將再次凝聚成一個民族。無論我們對這種成人教育的可行性抱有怎樣的懷疑，我們都必須認識到，這是一項具有真正重要性的任務。如果一切舊有的

理念都將在時代的現實面前被擊得粉碎，那麼，克服當前狀況的要求只會以失敗告終，但這一要求本身已顯示出人類尊嚴的留存。如果世界上不再有民族或人民 —— 個人能從中獲得毋庸置疑的歸屬感 —— 或者如果這個民族或人民只是支離破碎地留存着；如果所有羣體都被無情地摧毀，那麼，對於形成一個新民族的嚮往就只是烏托邦式的浪漫主義。儘管如此，這一嚮往仍是合理的。但是，在這一嚮往實現之前，我們擁有的只是朋友之間的同志情感，它是個體現實性的實現，是與陌生的、原初性的他者交流的願望。因此，當今所理解的成人教育運動並非現實，而是一種處於教育崩潰時代的文化瓦解過程中的人類的絕望症候。（GSZ 103 f.）

三、陶冶的普遍降格與能力的專業化

在大眾秩序的此在中，對所有人的陶冶傾向於迎合普通人的需要。精神散漫於大眾之中，漸趨衰亡，知識則為了照顧膚淺的理解力而被理性化到貧乏的程度。伴隨着普遍降格的大眾秩序，有教養的階層漸趨消亡，後者一度是由持續的訓練而發展出思想和情感的準則並被賦予精神創造力的。大眾很少有閒暇，他們的生活不再扎根於整體。他們不想付出努力，除非有一個具體的、可轉化為實用價值的目標。他們不懂得耐心等待，而是希望從每一件事中獲得即刻的滿足。甚至他們的精神生活也只是轉瞬即逝的

快樂。正因如此，隨筆成為了適合一切的文學形式，報刊取代了書籍，另一種形式的讀物取代了那些能陪伴人終生的著作。人們快速地閱讀。他們要求簡潔，但不是那種能夠成為記憶中的沉思對象的簡潔，而是那種能迅速提供他們想要知道的內容的簡潔，而這些內容又會同樣迅速地被他們遺忘。人們的閱讀不再真正地與他們的讀物形成精神上的合一。

如今，陶冶意味着某種永遠不成形的東西，它以奇特的強烈程度自空虛中生成但又不斷地使人回歸空虛。眾人共有的價值判斷成為典型。人們迅速地厭倦他們已聽說的東西，因而不斷追求新鮮事物。在新鮮事物中，人們迎接他們期待已久的原初性，卻又隨即將它們拋棄，因為它們所能提供的只是感官的效果。人們充分意識到自己生活在一個正在形成的新世界中，過往之物已無法提供滿足，他們總是不斷地空談新事物，彷彿新事物只因其時新就必然是有效的：「新的思想」、「新的生命感受」、「新的體育」、「新的客觀性」、「新的經濟管理」，等等。任何事物，只要是「新的」，就必然具有肯定的價值；如果不是新的，其價值便受到貶損。即使一個人沒什麼可說，他也可以在面對艱巨的思考任務時，將這種判斷力作為純粹的防禦力量來使用。僅僅「具有判斷力」就被認為是擁有了把握可能的生存的精神能力。人們不再感受到同胞之情，不再對他們懷有愛心，而只是利用他們。人們只是在抽象理論的層面上

或是為了實現某種明顯的此在之目的而擁有同志和敵人。一個人被珍視為「有趣的」，往往不是因為他自身的緣故，而只是因為他能帶給人刺激。一旦他不再使人驚訝，這種刺激就消失了。某人被評價為「有教養的」，無非是指他具有這樣的能力：面貌全新，有判斷力，使人感興趣。形成這種教養的場域是討論。如今，討論已成為一種大眾現象。但是，如果討論並不意在提供上述三種評價所體現的樂趣，而是要給人以真正的滿足，那麼它就應該是一種真正的交流，即表達彼此衝突的信仰之間的鬥爭，或是傳達屬於一個共同建構的世界的經驗與認識。

知識的大眾傳播及其表達導致了詞語和句子的磨損。在當下的陶冶的混亂中，人們什麼都可以說，但所說的都已不再具有真確的內涵，不僅詞語的意義含糊不清，那最初使精神與精神彼此聯結的真實意義也被拋棄了。這使得基本的理解成為不可能。當人們不再堅持真實的意義，語言便最終僅僅作為語言本身而被把握，成為了意圖的對象。假如我透過一塊玻璃觀看風景，而這塊玻璃朦朧不清，我仍能看到風景，但當我的注意力投向玻璃本身時，我便無法再看到風景了。如今，人們不再努力將語言用作思考存在的工具，而是以語言代替存在。存在應該是「原初的」，因此，人們避免使用慣用的語詞，特別是那些曾經並仍然可能承載真實內涵的、宏大的語詞，轉而想用陌生的詞語和詞序冒充原初的真理，以顯示運用新術語的深

刻性。精神彷彿蘊含於這種對事物的重新命名之中。新語言具有一時的驚人效果，但不久也同樣被磨損了，或是暴露出它本身只是一個面具。這種為了語言本身而關注語言的做法乃是一種在陶冶的混亂中尋找形式的條件反射式的努力。其後果是，在今天，教養的表現形式或是一種未被充分理解的、寡淡無味的饒舌，或是取代了現實性的長篇大論，一種矯飾的文辭風格。語言對於人的生存的核心意義，由於人們注意力的轉移而化為幻影。

在這種不可阻擋的瓦解過程中，陶冶的現實性也在自我強化，指明了種種上升的道路：在關乎職業知識的地方，精確的專業性已成為題中應有之義。如今，各式各樣的專業能力得到了廣泛的拓展。通過研究某種知識方法的實用性，就可以獲取相關知識，並將其呈現為最簡單的結果的形式。在現存的混亂中，到處都有綠洲（人們總能成為某一方面的內行），但由於專業學科已四分五裂，個人的才能範圍通常極為狹窄，無法與他的本質以及受過陶冶的意識的包羅萬象的整體達成統一。（GSZ 115-118）

15 / 大眾的陶冶

一、印刷物與大眾的陶冶

印刷物 —— 報紙是我們時代的精神此在，它是在大眾當中實現的意識。新聞報刊最初只是傳遞消息的工具，如今卻佔據了支配地位。它創造的生活知識具有能被普遍理解的明確性，它們與專業知識不同，後者只能為內行理解，因為它是以一種外行所不能理解的術語表達的。這種對生活知識的組織以報道的形式興起，它僅僅將專業知識視為過渡手段。它作為我們時代的無名文化而誕生，並且仍在生成之中。報紙作為一種理念，體現了充分實現大眾陶冶的可能性。它避免大而化之的概括和表面現象的簡單堆積，生動地、建構性地、簡潔地描述事實。它將精神領域中發生的一切都囊括在內，包括特殊科學的極其微妙深奧的細節與最崇高的個人創造。它彷彿是一種再創造，使那些在其他情況下可能始終只是少數人的無效財富的東西進入了時代意識。它將那些原本只是專家才能明白的東西加以變形，使之能為大多數人理解。古代文獻將一個與我們的世界不同的、清晰而簡單的小世界表達得栩栩如生，因此可以並且已經被一些人視為榜樣。它的實質乃是一種向各個方向敞開從而能夠直接洞悉事物本質的人性。然而，由於現代生活的實際狀況極為複雜，這個世界意欲被

認知要求已完全不同於古代了。

　　對於現代人來說，在日常印刷物的瓦礫中發現那些以完善而簡潔的報道語言表達的、具有令人驚歎的精闢見解的「寶石」，乃是一種極大的、少有的滿足。它們是一種精神原則的產物，這種原則在這裏自我實現，並且對當代人的意識產生了潛移默化的作用。當我們明白了新聞記者對於日常生活所發表的言論的意義時，我們就會更加尊敬他們。如今正在發生的事件不應僅僅由那些直接知曉此事的人所掌握，新聞記者的任務就是要讓它們吸引千百萬人的注意。在某一時刻及時發表的言論會發揮作用。這些言論是與生活密切接觸後的產物，它通過改變大眾的思想而部分地決定着事件的進程。如果印刷文字未能對讀者產生持久而廣泛的影響，人們就常常歎惜報紙的言論曇花一現，但是今天，報刊言論已能真正地參與現實。因此，新聞記者肩負着特別的責任，雖然記者是匿名的，但是他的責任應能給予他自信和強烈的榮譽感。他明白，在事件的進程中，他擁有影響他同胞的頭腦的力量。他通過他即時的言論而成為當前狀態的共同創造者。

　　但是，新聞記者的這些最高可能性也可能衰落。當然，新聞界並沒有面臨什麼危機。這個王國是有所保障的。這個王國中的鬥爭，並不是為其統治的維續而進行的戰鬥，也不是為了對付它當下的敵人而進行的戰鬥，而是為了決定一種獨立的當代精神的力量是將繼續生存還是衰

亡下去而展開的鬥爭。這些見證事件發生當下的人，常常訓練有素，卻寫得倉促而欠考慮，人們往往認為這是可以理解且無可避免的。目前情形最具災難性的特徵乃是新聞工作者的責任和智性創造力會由於不得不受制於大眾的需要和政治—經濟權力而受到危害。我們常常聽說，一個記者不可能始終保持精神上的體面。如果他要為自己的作品找到市場，就必須訴諸千百萬人的本能，追求聳人聽聞的效果，迎合平庸的心智，為避免讀者在閱讀時費腦筋而使寫作變得瑣碎粗俗。新聞界不得不愈益服務於各種政治—經濟權力以謀求生存。在這些權力的掌握之下，新聞界學會了哄騙的藝術，為了那些與其精神不一致的事情而極盡宣傳之能事。他們不得不奉命寫作。只有當此在之力量本身是由一種理想所支持，而記者也能在本質上與這些理想和諧一致時，他才會走上他的真理之路。

這一具有自身道德準則並且實際上對世界具有精神支配作用的特殊階層的形成，是我們時代的核心特徵。這個階層的命運與這個世界的命運是合一的。現代世界的生存離不開新聞界。其產生的結果將不僅取決於讀者以及各種實際存在的權力，還取決於那些以自己的精神活動為這一階層打下印記的人們所具有的原初意志。問題在於：大眾的特質是否將無可避免地毀掉人類可能成就的一切？

記者能夠實現普遍化的現代人的理想。他能投身於日

常的張力和現實，並進行反思。他在最深層的領域中探索時代心靈的腳步正邁向何方。他自覺地將自己的命運與時代的命運交織在一起。當他遭遇虛無時，他驚恐、痛苦、畏縮。當他追尋那種使大多數人感到滿意的東西時，他便是不真誠的。當他真誠地實現他在當代的存在時，他便上升到了崇高的境界。(GSZ 122-125)

二、基礎與大眾的陶冶

　　新的社會條件賦予哲學一個與以往任何時候都完全不同的任務，今天的大眾不再一味地將自己的力量投入到陌生的意志中，而是能運用自己的知識在選舉表決中表達意願，從而發揮重要的作用。因此，哲學思考在當今世界發揮其效力的前提是，它必須觸及大多數人。目前的情況是：大眾能夠閱讀和書寫，他們沒有充分接受過西方的教養教育，但他們卻是知識、思考和行動的參與者。他們越能享受新的機會，就越能形成完善的觀照、批判力和鑒別力。因此，有必要讓所有人在長時間的沉思中，儘可能簡單、清晰而不失深度地將本質性的東西傳達出來。今天的很多人仍然不知道自己想要什麼。宣傳機構只關心自己的利益和權力，完全不顧及那些不會自己思考、缺乏反抗精神的大眾的靈魂。如今，真理不得不採取宣傳的形式才能進入民眾的耳朵。因此，富於創造性的思想家的首要任務是重現真理的質樸形式，使它在每個人的自我原初理性中

找到回聲。質樸的思想是本質性的，它的每個要點都以明晰性擊中接受者，它不僅使人獲得知識，更使作為整體的理性在人們內心覺醒。（PuW 19 f.）

16 / 對教養的批判

一、轉向「教養世界」

我們的古典時代（1770 — 1830）專注於一切偉大、真實、美好的事物。精神上高度成熟的德國人為人類所創造的一切美妙的藝術心醉神迷，他們四處尋找和學習這種藝術，以至於達到了令人驚訝的程度。我們的古典時代曾是一個前所未有的富於理解力的時代。那無限的理解力跨越了廣闊的視野，這是古典時代強大的標誌；但同時，它也受到它的人民的天性與他們的作品的限制，這是它的軟弱之處。古典時代的人們生活在不可估量的精神財富中。不過，這種精神財富很大程度上取決於人們的理解態度而非他們的存在本身，這一點可能誘使人們滿足於相互理解，而忽略了自身存在的實現。（A 76）

古典時代最終轉變成了一種「教養世界」（Bildungswelt），這是它與生俱來的厄運。為了轉嫁時代應當承擔的嚴峻使命而代之以人文主義的矯揉造作，人們也就容許了這種細微的、幾乎難以覺察的轉變。

隨着 1871 年德意志帝國的建立，文化與藝術很快開始走下坡路。教養世界卻代之而起，人們將它視為古典時代的遺產。（A 78）

這種教養並不真正引導人自我實現，而只是使人滿足

於浮光掠影地涉獵各類知識。這種教養如同無本之木；它無法照亮一個人的可能性。與此相反，有一種一般存在（Bestand），它與不再居於其中的此在保持着距離，但作為在沉思中獲得自我存在的生存，這種一般存在在其客觀的完滿中仍是真實的，生存通過進入過往的現實性而理解它可能擁有的歷史性之廣度。(Ph 635)

「陶冶的宗教」，也就是這種轉變，是克爾凱郭爾和尼采曾揭露過的公開的謊言，但他們最終未能戰勝這種謊言。陶冶的宗教一直延續至今，它遮蔽了精神的嚴肅性。

這正是我們對古典時代的曖昧態度。正是因為與古典時代的聯繫，我們才成為真正的德國人；倘若遺失了這一根源，我們就會變成粗野之輩。此外，唯有帶着批判的眼光看待古典時代，並拋棄使人誤入歧途的教養世界，我們才能真實地站在時代共同的地基之上。「陶冶的困境」在於，這種轉變後的陶冶總是存在，並得到「精英」們的推崇。(A 78)

在我們的青年時代，我們總是以自身的經驗來觀察德國。尼采卻以他深邃的思想打開了我們的視野。古典時代短暫的繁榮轉變為教養內容之後，人們只是以巧舌如簧為榮。他們將無限的歷史知識與理解同自我的現實混淆起來。一切彷彿都成了舞台佈景。舞台本身成了陶冶的場所，它既不服務於上帝，也無法喚醒在其中受教育的人們的自我意識，而只是激起觀眾廉價的激情，成為無根的

社會中人們茶餘飯後的消遣。於是，人們將政治也視同兒戲。它與民眾無關，也與教養社會無關。（HS 352 f.）

精神自我凝結為教養世界，並試圖以承載其自身的有效觀念轉變世界，這些觀念在教養世界中肆意發展，直至被新的觀念重新溶解。當精神變得絕對時，它就會以失敗告終。因為對於存在和超越性力量而言，精神缺乏統一性，存在與超越性力量一方面摧毀精神的構造，另一方面又引發重新建構精神的動機。（W 721）

偉大的詩人是本民族的教育家和未來倫理的預言家。聆聽偉大詩人的教誨的人們不僅被其作品深深打動，同時也開始將注意力轉向他們自身。

然而，文學創作與觀看總是容易淪為純粹的「看戲」。原初的嚴肅性是觀者在悲劇性的領悟中的一種內心「宣洩」。但當它滑向了一般性的自娛自樂，這種情感便不再真誠，而不過是一種自我沉溺。

在觀看戲劇時，除了從中獲得審美享受之外，更重要的是要將整個身心投入其中，將演出中逐漸顯現的真相作為切己之事。如果只是像個無關人士一樣旁觀，或是認為劇中的一切雖然可能發生在我身上，但我終將從中脫身，那麼，戲劇的內涵便消失殆盡了。之所以如此，是因為我從一個安全的碼頭眺望世界，似乎我再也不能帶着我在世上的命運，在前途未卜的航船上尋找目標。我以宏大的悲劇性闡釋世界：這個世界生來要使偉大的東西被毀滅，而

這一切，不過是為那些無動於衷的觀眾提供享受罷了。

由此而來的後果便是存在之主動性的癱瘓。世上的一切不幸都無法將人們喚醒，反而使人在內心裏相信，外部世界無非就是如此，我無法改變它，所幸也無須捲入其中，但我仍然渴望在一定的安全距離內觀看它。我一邊觀看，一邊醞釀着合理的情緒，我採取立場、做出評判、投入劇中人的喜怒哀樂，但事實上，我始終與他們保持着距離。

從悲劇性的領悟向審美的教養轉變的過程在古希臘晚期（在古代戲劇的復興中）就曾出現過，它在新時代裏又再次發生。其原因不僅在於觀眾，也在於詩人們主動放棄了原初的嚴肅性。（W 952）

人與作品之間無法協調一致，由此催生出這個教養世界中一系列無血肉的形象，其情感之強烈、事件之戲劇性與舞台技巧之熟練都無法取代古希臘戲劇與莎士比亞戲劇自其深處向我們言說的聲音。現代戲劇中保留了思想和感傷情緒，或許還包括真正的認識，卻再無構造可言。陶冶的嚴肅性而非存在的嚴肅性創造了黑貝爾和格里爾帕策這樣的詩人——他們尚屬於這一類中最好的例子，當人們叩問他們筆下的形象的真實性時，那些形象只會發出空洞、沉悶的聲響。（W 953）

原初的理想主義具有英雄主義振聾發聵的強音與現實色彩，它曾所向披靡，但如今，這種理想主義越來越明

顯地消解為教養形式。理想主義以其思想之豐富與精微，在人們眼前展現出一個偉大而和諧的世界，以及一種原初的、真正的世界觀的廣度。然而，當它消解為教養形式之後，它就變得貧弱而虛偽，因為接受此種教育的人們缺乏真正的克服，而後者是自我經驗的基礎。人在自己的世界裏設定了一個可靠的閉環。他在應對各種情境時遵循固定的程式，但他自身不過是一種附屬存在，按照心理學性格類型理論，他多多少少是逃避性的、過分關注安全的、神經質的，他真實的人生與他的哲學是相互分離的。（W 620）

二、現實的衰朽與消亡

自我們的青年時代起，我們就在內心裏反抗世俗性，反抗習俗的謊言，反抗一切遮蔽狀態的不嚴肅——在這種遮蔽狀態中根本談不上人的偉大與尊嚴；我們同樣反對那種在自我滿足的無知、怯懦的沉默與廉價的拒絕中展現出來的膚淺而流行的人文主義教養觀。我們嚮往真實。但我們感到，我們自己也不清楚什麼是真實；需要經過最深刻的自我批判才能踏上通往真理之途。（PGO 440）

沉浸於對歷史的思考，感受對優美和崇高之物的喜愛與對醜陋和渺小之物的厭惡，僅僅如此，尚不能打開歷史的地基，它們只是展示了人文主義的教養世界，一個飄浮在現實中的第二世界。人文主義的交往作為自由的象徵、探尋事實的方法，以及理解力的享受而深受人們喜愛。不

過，我們也覺察到心靈內在狀態的某種危險，它轉向那崇高與可怖的豐美，不由自主地駐留其中。

然而，我們應當觸及本質。只有當我們透過現象，超歷史地與那些嚴肅地向我們言說的事物交流，從而真正地轉變我們自身時，我們才可能觸及本質。在我們聽到那些聲音的地方，我們就會改變自己對待歷史現象的方式。然後，我們會放棄那些與我們無關的無限的純粹歷史性，我們明白，儘管處處有神存在，但作為不具備超人本質的人類，我們無法與之一一對話。我們不再對觀者的情緒亦步亦趨，而是在內心與行動中緊隨那些促使我們成為自己的事物。在我們各自的道路上，我們明白自身存在的可能性界限，但我們並不知道我們自身的開放性能將我們帶往多遠的地方。（PGO 93）

然而，一旦國家、宗教與文化彼此分離，它們的客觀性也就會隨之消解。國家將成為單純運轉的沒有靈魂的機器，宗教不過是令人恐懼的此在的迷信，而文化則淪為無能的存在之遺忘（Existenzvergeßlichkcit）的教養享受（Bildungsgenuß）。因為，自足的客觀性已不復存在了。（Ph 597）

文化不能自存，它作為教養微不足道；文化源自國家現實與宗教實質的血液。（Ph 597）

應當將教化從富人的審美理想主義和上層人無所用心的精神世界裏拯救出來。（PA 242）

三、教養與存在

教養是每個人必須獲得並重新耕耘的土地。這片土地上的秩序是存在之明晰性的條件。這是一片屬日常勞作的領地。不過，只有當作為此在的世界是終極性的時候，教養才是終極性的。若非如此，教養對於我們而言就不是「大全」，而是應當加以控制的事物。

教養最初由生存創造並承擔，最終又被生存所衝破。如果教養能夠自存，情形就不是如此了。唯有在生存的遺失中，世界才能獲得絕對的存在。然後，一種真正的教養生活才能自發地形成，它在美學上無關利害，因為它只是靜觀着不斷充盈的存在，視形式與圓滿高於一切，而自我存在則在其中悄然熄滅了。一切對此種教養的打擊，無論是抉擇的尖銳化、對形式的摧毀、個體連續性的堅執、對客觀性的叩問，還是例外、偶然和肆意妄為，到頭來都是一場空，它們不過是消極地將根本性的自我存在轉變為孤獨的個體。

在哲學生活中，教養被視為一筆不斷增值的財富。其中包含一切理智頭腦的交流準則。在設置界限的意義上——生存通過這些限制統攝了教養——教養變得相對化了。教養越豐富，存在的可能性便越廣闊。然而，唯有當教養對於它的每一個成員而言不僅僅是教養的時候，存在的現實性才作為生存的內涵而變得通透。生存的張力隨着教養的程度的加深而增加。在原初狀態中，未經反思的生

存可以保持其自然的確定性；然而最高層次的教養中卻有一股消解生存的力量，但同時，它也為最清晰的決心提供了條件。(Ph 204 f.)

17 / 教育與傳承

一、作為研究領域和存在要求的歷史

歷史。——倘若歷史研究中存在着這樣一種趨勢,即為了將歷史意識作為純粹的知識而自外於生存的歷史性意識,這將帶來兩重危險:一是真正的歷史性從我身上消失,直至成為無盡的歷史知識的殘餘表象;二是我意圖擺脫歷史性而達到一般的人類真實——一種在歷史客觀性中被奉為權威的事物。

只要歷史研究服務於歷史意識,那麼即使在對真理的極致追求中堅持研究的批判性,這種研究也能憑藉歷史意識滲入曾經的生存(Existenz)。研究的原初意義在於看到每一個歷史形象的存在(Sein)與上帝的直接關聯。在歷史認知和觀察中,生存就會像從魔法禮帽(Tarnkappe)中跑出來一樣,顯現在觀看行為與觀看物中。對蘊含着生存的幽暗過往的渴慕,對深不可測的事物的敬畏,對故土的根之依戀……一切過往曾對我們具有重要意義,如今也仍屬我們的世界。追根溯源,以智慧充實靈魂,以這樣的準備來理解和汲取我們的歷史性。將歷史意識僅僅當作客觀事實,便是混淆了歷史的可研究性與歷史對我們的真正要求。這種混淆使得可被歷史地感知的事物碎裂為無數瓦礫,而隨着事件的發生,不可預知性只會越來越多,對它們的認知和收集也將失去意義。

只要歷史知識服務於歷史意識，過去就能保留在一種無法對象化的基礎的客觀性之中，唯有在這種客觀性中，當下才能走向其歷史性的起源。因而，並不存在一種總能為我們把握的真理效果，有的只是無盡的運動，在其中，每個當下都必須重新成為其自身。自我存在的匱乏所導致的相對性意識會人為地提升過去的價值，這是混淆了真正的偉大與看似持久的效果。浪漫主義試圖彌補失去了存在的此在。而後，來源於真正的歷史性的、對一切客觀事物的相對化，被暴力地扭轉到了它的反面：歷史地認知到的事物被客觀化、固化為一種具有權威的效果。

　　然而，假如我對歷史性有所意識，我就能與陌生的歷史性交流，但我無法將我之為我的東西轉移到他人身上，也不能指望將他人的根基據為己有。歷史性生存的真理從不是適用於一切事物的獨一真理，它是一種召喚。超越於真理現象範圍的對真理的絕對化，以及將一般性真理視為歷史事實的根基，是對歷史性生存的揚棄。它以客觀效果取代了隱祕的歷史性根基，似乎客觀效果早已建立在歷史之中；因為沒有一種知識能使邏輯的普遍性與生存的歷史性同一。

　　只要歷史知識服務於歷史意識，它就與歷史汲取息息相關。將對偉大歷史世界的觀察視為已然實現的生活，是混淆的開始。如此一來，人們似乎無須當下的交流也能免於孤獨。自身虛無的深淵使人戰慄，於是人們委身於客觀

的形象，陶醉於偉人和他們的作品；偉大曾經存在過，這就足夠了。讚歎的願望在一切當下性面前破碎，當下的奇跡與醜陋一併暴露在日光之下，使那些並不生存於其中也無法使之改進的人們顯得不那麼協調。因此，我儘可能地抓住浮現於我眼前的歷史世界，它是無盡的寧靜的源泉。但這個世界始終與我隔膜，它沒有進入我的現實生活。儘管我以現實的眼光接近歷史世界，但歷史始終因其遙遠而具有無可比擬的美好。我不只是作為自己，更是作為歷史的靈魂而存在，這使我滿足。當下終將成為歷史，在遙遠的距離中 —— 就像我們在當下觀望過去 —— 我也可能成為人們讚歎的對象。我就這樣生活在陌生人之中，保持着孤獨，被偉大的形象所吸引。(Ph 636 f.)

歷史之鏡使我們意識到當下的狹窄，它是我們衡量事物的標準。沒有歷史，我們將失去精神的空氣；掩蓋歷史，將使我們遭受歷史出其不意的襲擊。歷史上專事愚弄的幽魂始終牽引着我們。(KS 33)

在當今這個技術時代裏，一切人類此在的關係急劇變化着。人們尚未遺忘傳統，但傳統正面臨着如何被證實的問題。(AuP 249)

二、歷史汲取的要素

歷史汲取。—— 一種對陶冶的敵意已經形成，這種敵意將精神活動的內涵貶低為一種技術能力，貶低為對最低

限度的赤裸的此在的表達。這種態度與這個星球上的個人生活的技術化過程相關，這一過程使得一切民族中的個人生活逐漸脫離歷史傳統，以便將整個此在建立在全新的基礎上：除了在西方造就的新世界中能找到技術上的理論依據的事物以外，其他一切事物都無法繼續存在。儘管這種事物起源於「西方」，但其意義和效果卻是普遍的。人的此在從根本上被撼動了。這是西方所經歷過的最深刻的震動。但是，由於它是西方特有的精神發展的結果，它終究是它所屬的世界的連續性中的一部分。但對於其他文明而言，它卻像是一種外來的災難。任何事物似乎都無法再以舊日的形式繼續存在了。印度和東亞的偉大文明民族與我們面臨着同一個根本問題。在技術文明的世界裏，這些民族不得不轉變社會條件，否則就會走向沒落。一種對陶冶的敵意正在粉碎迄今存在着的一切，並且狂妄地認為世界此刻正在完全重新開始；在這重組的過程中，精神實體唯有通過一種歷史回憶的方式才能被保存。這種回憶並不是關於過去的純粹知識，它也是當下生活的力量。若非如此，人們可能又會回到荒蠻時代。我們時代危機的劇烈在永恆的實體面前已黯然失色，而回憶是這個實體的存在的一部分，正如它是一切時代所共有的不朽要素。

因此，對於過去的敵視，正是對歷史性的新內涵即將誕生前的陣痛之一。假如歷史主義已成為一種不真實的陶冶的替代品，成為一種虛假的歷史性，那麼這種敵對便又

會轉向歷史主義。如果回憶僅僅是關於過去的知識，那麼它便不過是無數考古材料的堆積。如果回憶僅僅是富於理解力的觀照，那麼它也不過是冷淡地描繪了過往的圖景。唯有當回憶採取了汲取的形式，才能在對歷史的敬畏中創造當下自我存在的現實性；而後，這種回憶才會成為衡量他情感與活動的標準，並最終成為他對永恆存在的參與。回憶方式的問題，也是陶冶如今是否仍然可能的關鍵所在。

廣泛滲透的習俗有助於我們了解過去。現代世界對這類習俗的關心程度表明了一種深藏的本能，即使在文化的普遍毀滅中，這種本能也仍然拒絕接受歷史連續性完全中斷的可能性。博物館、圖書館和檔案館保存着過去的作品，人們意識到他們正在保護某種不可替代的事物，即使它們此刻向未得到理解。如今，不同黨派、不同世界觀，以及不同國家在這件事上持一致的態度，這種謹慎的忠誠從未像今天這樣普遍而明確地視為理所當然。歷史遺跡在一切紀念地得到保護和照看。凡屬古代的偉大遺物，都像木乃伊那樣留存着，成為人們觀瞻的對象。那些曾在世界上發揮過重大作用的、曾有過一段共和國獨立的輝煌歷史的地方，如今迎來了絡繹不絕的外國遊客。整個歐洲彷彿已成為西方人的歷史博物館。在這種歷史紀念的風尚中，在種種為銘記國家、城市、大學、劇院的成立和為著名人物的誕生、逝世而設定的節日中，回憶儘管尚未獲得充實的內涵，但仍然象徵着人們力圖保存過去的願望。

只有在個別人那裏，有意識的回憶才會轉變為一種富於理解力的觀照。這種情形就像是一個人放棄了當下而返回過去的生活。那已終結的事物仍然作為教養的要素而長久地留存着。幾千年的歷史圖景，如同一個供人進行神聖沉思的空間。在 19 世紀，這種關於過去的觀念的廣泛性與客觀性是前所未有的：當看到前人的至高偉業時，觀照的熱情會使人們從悲苦的當下中解脫出來。由此，形成了這樣一個教養世界：它僅僅存在於關於過去的書本和考據的傳統中。最初的觀照者的後繼者們所傳承的是他們的偉大先驅曾目睹的景象的褪色的描繪。而後繼者的後繼者們將它當作先驅者們最初見識的事物而保存，並仍然着迷於它在理解或至少是在言辭和教學中所呈現出來的豐富性。

但是，考古的經驗以及生動的理解，唯有作為當下可能的現實化的模範才擁有它們的權利。不應將歷史作為單純的關於某種事物的知識來汲取；歷史也並非本不應衰亡故而必須加以恢復的黃金時代。若沒有人的存在的重生，就不可能有歷史的汲取。由於這種重生，歷史發生了轉變，因為我進入了一個精神的領地，在這個領地中我憑藉自身的源泉而成為我自己。通過對歷史的汲取而形成的教養，並不意圖將當下作為某種毫無價值的東西而予以摧毀，從而輕易地逃避它；而是使我在對以往曾經達到的高度的觀望中，找到自己的道路，走向當下所能追求的最高峯。

作為一種新的財富而獲得的事物，也將為當下帶來全新的面貌。純粹的理解力的陶冶僅具有不真誠的歷史性，那不過是一種意圖重複過去的意志而已。真誠的歷史性意在探尋滋養每個當下的生命的源泉。因此，真正的歷史汲取是在沒有目標和計劃的情況下自然發生的：我們無法預測回憶的現實化力量。伴隨着歷史連續性的斷裂所帶來的危險，現時代的狀況要求我們自覺地抓住回憶的可能性。倘若對這種斷裂聽之任之，人就會使自身消亡。當成長中的一代人進入大眾的此在秩序的機械世界時，他們會發現作為回憶手段的書籍、雕塑、繪畫、建築、紀念碑、其他作品，以及古代家庭生活的日常用品，所有這一切都能使他們意識到關於自身起源的事實，並且前所未有地豐富且容易取得。隨之而來的問題是，生存能在其歷史性中創造出什麼呢？

作為純粹的認知與理解力的陶冶，可能浪漫地希望重建無法挽回之物，同時卻忘記了，每一種歷史情境都只有它自身的現實化可能。與此相對的，是一種淡薄的生活態度的誠實。在歷史沉思的領域中，這種生活態度需要的只是對其自身而言絕對必要，因此對其行支有約束力的事物。真正的陶冶寧願在最低限度的歷史汲取中成為原初的自己，也不願在一個宏大的世界中，在混淆中迷失。正是由於這一動力，真實之物與存在之原初性的意義才得以面向歷史而成熟。在這裏，具有決定性意義的不只是豐富多

樣的價值，而首先是那個人們站在其上向一切時代發聲的高峯。在今天，淡薄者與偉大者是一致的。浪漫的熱情在與當今的此在之現實發生衝突時所必然遭逢的幻滅，正在轉變為關於真實事物的、袪魅了的目光，而這種真實的事物在過去也同樣豐富。(GSZ 118-121)

18 / 大學的觀念

一、大學作為特殊的學校

大學也是一所學校，但它是一種特殊類型的學校。不應將大學僅僅視為傳授學問的場所，更重要的是，在大學裏，學生可以在教授的指導下參與科學研究，並由此獲得終身受用的學科思維方式。學生在大學裏應該學會對自己負責，批判性地追隨他的教授。他應該享有學習的自由。教授的職責則是通過學科傳授真理。他擁有教學的自由。(Idee III, 1 f.; ähnl. II, 9)

大學的理念存續於每一位學生和教授的實踐，相較而言，大學的機構形式則是次要的，如果大學的生命消解了，僅憑機構形式無法將其挽救。大學的生命在於人與人之間的關係，在於教授傳遞給學生合乎其自身境遇的思想以喚醒他們的自我意識。大學生總是潛心尋覓這種理念，他們做好了接受它的準備，但當他們無法從教授那裏得到任何有益的啟示時，便會無所適從。然後，他們必須自己去尋找理念的光亮。

只要西方的大學仍將自由視為其首要的生命原則，大學理念的實現便依賴於我們每一個人，我們要理解這一理念，並將其廣為傳佈。

就天性而言，青年對真理的敏感度往往更高。哲學教

授的任務就是向年輕一代指出思想史上最重要的哲學家，避免將他們與一般哲學家混為一談。如此，永恆的根本思想才能在其崇高形態中呈現。哲學教授應鼓勵學生對所有可知事物、對科學的意義以及生活的真義持開放態度，他必須以振奮人心的思維運作來對這一切做全面深入的考察。他應當生活在大學的理念之中，並意識到自己有責任創建和實現這一理念。對於終極界限，他不必諱言，他應當教授合宜的內容。（PuW 339）

二、危機與振興

在各所高等學校中，大眾生活傾向於毀滅作為科學的科學。科學只好迎合大眾，而大眾只講求科學的實用目的，他們學習只為通過考試，以及由此帶來的地位；研究工作也只在有望取得實用成果時才得到推進。根據這樣的理解，「科學」僅僅成了可學事物的可理解的客體性。在過去，高校裏曾洋溢着 sapere aude（敢於運用你的理智）的無止境的精神追求，如今的高校卻退化為單純的學院。嚴格設置的課程免去了個人探索路途上可能遭遇的風險，可是，沒有自由的風險，就不可能有獨立的思想。結果，學生只是獲得了技術專家的技能，或許還有廣博的知識；博學之士取代研究者成為了今日普遍的人才類型。時至今日，人們已不再區分博學之士和研究者，這是科學衰落的徵兆之一。

本真的科學，是那些自願投身科學研究的人的高貴事業。這些自願承擔風險的人，懷抱着原初的求知意志，除非發生科學危機，沒有什麼能阻撓這種意志。然而在今天，若有人將整個生命投入科學研究，多少會被認為有些反常。不過，畢竟科學從來就是少數人的事業，如果一個人運用科學是出於職業上的實用目的，那麼他便仍然只是一個科學的參與者，哪怕他在內心裏具有研究者的天性。科學的危機根本上是那些受其影響之人的危機，他們並沒有為一種真正的、絕對的求知意志所激勵。

目前，整個世界彌漫着一種對科學的誤解。科學一度被異乎尋常地尊重，因為唯有技術才能實現大眾秩序，而唯有科學才能實現技術。但是，由於科學只是以方法培養人從而被人掌握，人們驚歎科學成果，卻並不領會科學的意義，因此，上述信念不過是迷信。本真的科學包括對知識的方法和界限的認識。但是，如果一味信奉科學成果而絲毫不了解其方法，那麼，迷信就會在錯覺中取代真正的信念。人們堅持科學成果所號稱的堅實可靠。對科學的迷信包括：對一切能促進生產的事物懷有烏托邦式的想像，認為技術在生產領域中無所不能；相信福利是一般共同體生活的可能性，也是民主 —— 由大多數人統治、通往所有人的自由的合理道路 —— 的可能性；更一般地來說，它是一種將思想內容當作絕對正確的信條的信念。幾乎人人都為這種迷信所支配，其力量幾乎侵蝕了所有人的心靈，連

博學之士也未能倖免。在個別情況下，這些迷信似乎已被克服，但即使如此，它們也會一再重現。本真的科學的批判理性與對科學的迷信之間隔着巨大的鴻溝。

迷信科學的人容易轉而敵視科學，反而指望那些消解科學的力量。相信科學萬能的人在行家面前壓抑着自己的思想，一旦他遇到一個徒有虛名的專家，他對科學的幻想就很容易破滅，轉而聽信江湖騙子。如此看來，對科學的迷信與謊言僅有一步之遙。（GSZ 137 ff.）

只有極少數人能在思考實際事物時運用真正的科學精神，這是自我存在衰退的跡象。在迷信的霧靄中，交流是不可能的。迷信破壞了真正的知識與本真信仰的可能性。（GSZ 139）

三、大學改革的任務

建築、機構設施、講座、圖書館，為增強師資力量而增設教師職位，關心學生以便他們能自由地、全力以赴地學習，上述這些與其他一些問題都屬於物質問題，可以通過必要的經費來解決。人們反覆提出需要大量資金，尤其是因為這關涉着整個學校系統。

對於德國民族的未來來說，教育的重要性並不亞於國防軍事力量。因為糟糕的教育管理造成的災難性後果可能會持續影響數十年，然而此刻，在一個飽受武力威脅的世界裏，此在完全繫於其受保護程度，因此，政治家、

議會和政府在教育制度上投注的心力遠不如他們對軍隊的關注。此刻，教育和軍隊有着比社會政治更為緊迫的重要性，而社會政治家卻忙於爭取選民的投票，不惜給各個團體的國民同樣明顯的好處以收買人心。對於整個教育制度的關心退至後台。關乎我們民族的精神—道德未來的最重要的事情，在如今的政治家眼中卻是最無關緊要的。

假定目光長遠的政治家能為我們爭取足夠多的國家資源，為我們創造必不可少的條件，但僅止於此，事情本身還不算是完成了。籌措資源是國家的分內之事，而關鍵在於如何運用這些資源。大學改革只能由大學中的人來決定。

大學改革涉及兩項任務：首先是必不可少的建築與設施安排，教授、講師和助教的分工，大學組織的改造和權力分配，等等。但更重要的是，要恢復大學的力量和理念——如今它們已岌岌可危。這兩項任務不能相提並論，若是真正關心新情境下的大學改革，而不是徒有虛名地維護機構組織，就必須以大學的理念為指引。

對法律與個人負責形式的反思，以及如何改變機構法規、教學類型和課程，都要儘量認準可把握的目標，但總的來說，要以實現精神生活本身、促進教學與研究的共存為原則，尋找批判和辯護的基礎。上述兩項任務應同時進行。前者需要人們思考和創造實現目標的手段，後者則要求人們反思大學所應具有的根本特質。唯有在日復一日的生活中實踐大學之理念的研究者、教師和學生才能使其臻

於完滿。大學的組織機構可以為此提供機會，卻無法創造出這種基本特質。

從大學改革的雙重面向來看，以下兩項任務不可分離：一是大學組織和建設的外部改造，二是為以新的形式重新確立大學之理念而做的內在轉變。純粹以課程實現大量知識的供給將失去大學的本然意義，同樣，純粹的觀念構想也不過是不切實際的狂熱。如何在可行的措施中協調二者的關係，將決定大學的命運。

精神貴族來自各個階層，其本質特徵是高尚的品德、永不衰竭的個體精神和極高的天資才性，因此，他們注定是少數。大學的理念應以這少數人為目標。總而言之，規則應從精神的原初力量中生發，而資質平平的學生則在對高貴精神的憧憬中看到了自身的價值。

不過，精神貴族只能在民主的環境中得到承認，因此，大學需與所有學生和教師的思想意志緊密相連。在表現與個性方面都十分卓越的人才，是構成大學生命的條件。（Idee III, 37 ff.; vgl. PA 78-92）（參閱 *Das Doppelgesicht der Universitätsreform*〔《大學改革的雙重面向》〕S. 307 ff.）

大學的革新及其觀念的發展將對所有人產生影響，其可能結果是國家意識的覺醒和傳佈。一個真正人性的國家以實現公義為旨歸，它懂得如何行使權力，也懂得如何限制權力，唯其如此，國家的意義才能深深扎根於公民的日常思考和團結中。如同一切精神生活，國家不斷自我建

構，在精神的鬥爭中彰顯其自由，而各種精神以共同的使命為指引，永恆地存在於相互關聯的對立中。它以各種知識充實自身，並在大學的精神創造中找到了自身的至高意識與公民教育的源泉。(HS 39 f.)

四、大學教師的尊嚴

大學教師是研究者。他們面對的不是中學生，而是已成熟的、自立的、能對自己負責的年輕人。大學教師要為學生樹立榜樣，為他們提供建議，參與他們的精神勞作。如果把大學教師當作教書匠，那就大錯特錯了。(Idee III, 116)

很多教師都偏愛那些不如自己的乖學生，但每一位教師都更應該遵守這一處事原則，即允許那些在他看來至少會取得與自己一樣成就的學生成為院系的一員，同時留心發現那些可能超越自己的學生，首先提攜他們，即使他們不是自己的學生。(Idee III, 118; ähnl. II, 67 f.)

五、學生的自由與責任

學生是未來的學者和研究者。即使是在以操作性而非理論性手段展示真理的地方 —— 操作性手段在創造力方面並不亞於科學和學術性成果 —— 他也能將思考貫徹於整個過程，如果這樣的話，在哲學和理性方面，他終其一生都不會迷失方向。(Idee III, 81)

學生根本上擁有學習的自由。他不再是高中生，而是成熟的、高等學府中的一員。如果要培養具有科學精神和獨立人格的人才，就要讓年輕人敢於冒險。當然，他們也有懶惰、散漫並因此脫離學術職業的自由。

假如為助教和學生設定條條框框，那麼精神生活、創造和研究便會走向終結。在這種環境中成長的人，必然在思維方式上模稜兩可，缺乏批判力，也不會在每一種境況中都堅持尋求真理。自由是大學賴以生存的空氣。(HS, 54)

假如我們希望大學之門向每一個有能力的人敞開，那麼就應該讓全國公民而不僅僅是特定階層的人擁有這項權利。同時，也不要以一些考察特殊技能的考試淘汰了真正具有創造精神的人。(Idee III, 139 f.; ähnl. II, 104)

一系列與課程學習同步的考試使資質平平的學生獲益。具有獨立思考精神的學生則更傾向於在長時間的自由學習之後再進行考試。所有學生都獨立自主，他們的理想才有可能實現。他們不需要導師，因為他們對自己有把握。他們聆聽各種學說、觀點、調查、事實和建議，為的是檢驗自己，做出決斷。若想找一位領導者，就不該進入大學理念的世界。真正的大學生是積極主動的，他們清楚自己的問題所在。他們能夠從事精神工作，並且明白工作的意義。他們是在交流中成長的個體。他們不是資質平凡的人，不是大眾，而是無數個冒險想成為自己的個體。這

種冒險真實而富有想像力。這是一種精神上的昇華，每個人都能感到自己受到召喚而走向至高的境界。

大學生涯以一次考試收尾。這次考試的性質極其重要，其目的是使學生通過行使自己的自由來對自己進行一次選拔。如果經過嚴格挑選的大學生，在整個學習期間仍然要走一條學校規定的安穩之路，那麼，大學就不成其為大學了。與此相反，大學的本質恰恰要求每個人在整個求學過程中儘可能地自己做出選擇，哪怕是冒着最後可能學無所成的風險。因此，我們面臨的最重大也是根本上難以解決的問題是，如何在大學裏造就一種有利於生成這種獨立選擇的精神與制度氣候。(Idee III, 140 f.; ähnl. II, 107 f.)

精神貴族與社會貴族迥然有別。每一個生而要成為精神貴族的人都應該尋求學習的機會。

精神貴族擁有自己的自由，無論是在達官貴人還是在工人中間，在富裕人家還是在貧民窟裏，我們都能找到他們的身影。但無論在哪裏，他們都是極少數人。進入大學學習的年輕人應是全國民眾中的精神貴族。(Idee III, 115; ähnl. II, 118)

精神貴族與精神附庸者的區別在於：前者日夜思考，為之形銷體瘦；後者則要求工作與自由時間界限分明。前者敢於冒險，善於傾聽內心輕微的聲音，並在它的指引下前行；後者則需要他人的引導，要他人為自己制訂學習計劃。前者有正視失敗的勇氣，後者則希望努力就能保證成

功。(Idee III, 115)

　　在我看來，學生聯合會是一個嚴峻的問題，因為它為大學生活奠定基調，且享有最高的威望。它關乎學生生活和學習的自由的問題；這種自由只能在自發的友誼和對個人精神道路的自我意識中形成。在我看來，它受到了學生聯合會強制聯結的威脅，它將學生的時間和精力耗費在無價值的事情上，建立起一種由歸屬感帶來的自信。他們不再以精神冒險和對學習生涯的責任主導自己的生活，而是沉湎於特權社會的生活目標，屈從於老一輩的幸福觀。他們不再獨立思考，而是在一種內心的不安中，任由傳統觀念塑造自身。由於這些學生脫離了時代的精神運動，他們不能算是真正的大學生。我青年時代的經驗和之後的觀察教會了我如何從大學學生組織中看出德國大學面臨的厄運。這些組織已再無一絲往昔的精神氣息，那種精神曾在獨立戰爭之後促成了學生兄弟會 (Burschenschaft) 的形成。如今的學生組織中再無真正的教育可言，它不過是一種社會類型的翻版。而我本人則最痛恨這種社會類型。(PuW 330 f.)

19 / 大學的任務

我們認為，大學的任務有四：首先是研究、教育與職業課程，其次是陶冶與教化，第三是充滿精神交往的生活，第四是學術的宇宙。

1. 只要大學想通過科學來追求真理，那麼研究就應該成為大學的根本任務。這一任務以傳承為先決條件，因此研究工作離不開教學。教學是對研究進程的參與。(Idee III, 64)

2. 真理高於科學，它涵蓋人類存在的要義——我們稱之為精神、存在、理性。人們通過科學把握真理。因此，大學的理念也意味着更多：學術研究與教學都服務於生命的成長，它們是在各種意義上對真理的呈現。

在恰當地傳授知識和技能的過程中，整個人的精神陶冶已悄然發生。因此，把傳授知識的機構與教育機構分離開來是荒謬的。一些大學裏專門的教育學院（Bildungshochschule）僅起到教化作用，並要求所有學生在開始正式學習之前都接受此類教育，像這樣的教育僅僅是抽象的概念；從教學中抽離出來的教育不成其為教育，而不過是以傳統中的宏大字眼培養一種脫離現實的審美精神性。(Idee III, 64)

3. 大學任務的實現還需依靠思考者之間的交往：學者

之間、研究者之間、師生之間、學生之間，以及在個別情況下，學校之間……(Idee III, 65; vgl. II, 38)

4. 科學就其本義而言趨向於一個整體。(Idee III, 65)

這四項任務充實着大學的理念：大學是研究和傳授科學的殿堂，是陶冶教化的世界，是個體間富有生命的交往，是學術的宇宙。它們互相扶持，從而使彼此變得更有力量、更有意義，也更清晰。從大學的理念來看，這四項任務是合一的，將任何一項從其他三項中剝離出來，勢必損害大學精神的實質，也必然殃及這被剝離出來的一項本身。每一項任務都是大學理念生命整體的一部分。(Idee III, 65; vgl. II, 40)

一、研究、教學與職業課程

1. 研究的態度

知識進步的前提，以及孜孜不倦的工作包括三個方面：

（1）狹義的工作是指學習和操練，是拓展知識面、掌握方法。這是其他一切的基石，比其他一切都更需要紀律和程序，它是最花費時間的，但只要人們願意，這種工作隨時可以展開。通過這種工作，我們造就我們的工具，找到適當的方法來表述並確認任何新發現，同時也可以為那些僅停留在猜想階段的事物提供切實的證據。任何人都不能忽視這種艱苦卓絕的勞作。每個學生都應立即開始這

項工作，就像他們在學校裏所學到的那樣。(Idee III, 66; ähnl. II, 40 f.)

（2）如果工作並不僅僅是簡單的、無休止的埋頭苦幹，那麼除了一腔熱忱之外，還需借助其他東西。那些突如其來的、即使並不十分正確的念頭賦予研究工作以重要性，推動研究者前進。但這些念頭只在持之以恆地工作的人那裏生長、成熟。「靈感」捉摸不定，來去無蹤。(Idee III, 66; ähnl. II, 41)

（3）比單純的勞作更重要的是，學者和科學家都應具備一種「智識的良心」。他一方面意識到，任何時候都需要運氣和正確的直覺，但與此同時，他也應當從良心出發，對自己的工作有所掌控。無的放矢的辛苦勞作、單純的感覺、單純的讚許和振奮，只要它們不能成形或轉變為行動，都無一例外與「智識的良心」相悖。研究者應從整體的角度看待偶然事件，追尋事物內在的連續性，避免節外生枝。但當他的良心驅使他更深入地追隨某些「靈感」時，那麼他也確實需要打斷原先的思維邏輯，鍥而不捨地追隨這個新的想法。不過，頻繁地另起爐灶或是一條路走到黑，都不應是他的作風。(Idee III, 66 f.; ähnl. II, 41 f.)

2. 研究的內容

認知需有內容。包羅萬象的認知不放過任何事物。精神性本質上是生機勃勃的。

大學裏要有一脈精神生活之流作為思考的背景，它難

以掌控，無法憑意志或組織機構人為地產生，它是一種個人的、隱祕的命運般的存在。由此，各種學術團體和朋友圈以一種難以預料的方式形成，它們來來往往，出現又消失。如果這種人類心智意義上的生命元氣不再在大學的血脈裏鼓盪，學究只做文獻考據而不探討哲學，只有技術實踐而沒有理論，只有無盡的事實而沒有理念指引，只有學科紀律而不再有精神，那麼大學就岌岌可危了。(Idee III, 67 f.; II, 42 f.)

3. 研究與教學

只有在科研工作與知識的整體保持經常性的聯繫的前提下，研究工作才有意義且富有創造性。(Idee III, 68; II, 43)

最主要的是，教學需要科研工作提供至關重要的內容，這是教學工作的財富。因此，科研與教學的結合是大學至高無上而不可放棄的基本原則。這並不是因為人們出於經濟的考慮，通過提高工作頻率來節省資源，也不是因為這種聯合能為研究者提供物質上的保障，而是因為理想中，最好的科研人員也是最優秀的教師。他能夠獨立地引導學生接觸到真實的求知過程，接觸到科學的精神。他自身便是活靈活現的科學，在與他的溝通中，可以看到科學存在的原初形態；他在學生心中喚起了同樣的激情。只有那些親身從事科研工作的人，才能夠真正地傳授知識，而其他人不過是在傳遞一套教條地組織起來的事實而已。

與我們主張研究與教學相結合的觀念相反，經驗似乎表明：一個有研究天分的人不一定具備當教師的才能。對此，馬克斯·韋伯舉出了亥姆霍茲和蘭克的例子，認為他們是糟糕的教師。另一方面，「讓沒有受過教育但天資不錯的人理解科學問題，讓他們獨立思考而有所領悟，這或許是最困難的教育工作了」。此外，講課效果並不取決於聽眾多寡。一些學者在研究上有不錯的天賦，卻缺乏講課的經驗，往往難以收到滿意的效果。(Idee III, 68)

　　研究者自身的在場，可以以多種方式產生教學影響。(Idee III, 69)

4. 學術訓練和專業訓練

　　大學提供職業培訓，其理念唯有通過以科學性為自身基礎的人才能實現。這就需要一種不同於特殊職業訓練的科研工作和方法的教育。為特殊職業做準備的最佳方式並不是死記硬背一個封閉的知識體系，而是培養與提升科學思維能力，如此才能為此後將伴隨終身的精神——科學訓練奠定基礎。大學只能為職業訓練奠定基礎，而真正掌握技能需要實踐。大學應儘可能為這種需經過終身實踐才能實現的進步提供條件。年輕人應當在學校鍛煉發問的方式。他必須沉潛深入到知識的根基，系統全面地把握專業的某一方面，而不必將行內的研究成果照單全收，就像愚蠢的考試所要求的那樣。考試一旦過去，這些知識就會立刻被遺忘。起決定作用的不是已學到的知識，而是判斷的

能力。知識本身並無助益，我們需要的是憑藉自己的主動性獲取必要的知識的能力，以及從不同角度思考事物的能力。這種能力無法從知識記憶中獲得，而是來自與實際科研工作的接觸。這麼說並不是反對學習技術、反對大綱要目，只是這些東西可以留待作為書本學習的內容。

在理論學習過程中儘可能多地涉足對日後實踐有用的材料，這固然是有意義的，但即使如此，最重要的因素仍然是領會問題及提出問題的能力、方法的掌握，以及活躍的精神。培養研究者與培養專門職業人才，是同一回事，因為當一個職業人員認真履行職責，遵循科學方法思考，他就是一個研究者。研究者發現新的普遍有效的認識，固然是一項壯舉，但這一行為本身與職業人員在實踐中摸索正確方法的行為並沒有什麼不同。(Idee III, 69 f.; ähnl. II, 44 f.)

大學奠定了雙重基礎，一是為科學理解和科學知識的終身發展種下了種子，二是灌輸一種對追求知識整體性的忠誠。這兩方面對於任何精神職業都是必需的，因為這些職業所要求的並不僅僅是技能的操練和例行公事的專業性。醫生、教師、行政人員、法官、牧師、建築師、貿易商人、組織負責人，從他們特定的職業角度來看，都與整全的人、與整體的生活狀況相關，儘管各自的面向不同。倘若其中哪一種職業疏於促進我們與整體的關聯，疏於培養我們的理解力，疏於向我們展示廣闊的視野，或者疏於

訓練我們從「哲學」角度思考問題，那麼，這些職業的訓練就是不人道的！一個人在國家考試中的缺陷，可以在將來的工作實踐中彌補，但如果缺少了科學教育的底子，其餘的一切都將失去希望⋯⋯(Idee III, 71 f.; ähnl. II, 45 f.)

5. 教學的形式

從外在形式來看，我們有演講、練習、研討會、私人參加的小組討論，以及兩人對話，等等。

自古以來，**演講**是最常用的教學形式。演講可以傳授知識，聽眾還可以目睹這些知識如何被組織起來。

很難確定演講的優劣標準。好的演講具有不可模仿的獨特品質。演講者的態度可能迥然相異，但這並不影響演講的價值。有的演講以教學法的方式向聽眾講話，試圖吸引聽者；有的演講則只是對研究成果作獨白式探討，幾乎不考慮聽者的接受能力，但正因為此，卻讓聽者也自然而然地參與了真正的研究工作。最特別的是那些全盤介紹整個學科的演講。這些演講必不可少，因為當人們果斷而徹底地在細節上下功夫的同時，它們鼓勵人們一覽全貌。(Idee III, 72 f.; ähnl. II, 53 f.)

唯有當演講真正成為一個教授日常工作的組成部分，唯有當演講是經過精心準備的、且能從獨特的角度反映時代精神時，它才是有價值的。

這樣的演講在傳統教育中無可替代。一些傑出學者發表演講的情形，可能會使人銘記終生。而印刷出來的講

稿，即使是逐字記錄的，也不過是一種殘渣。的確，演講中有價值的部分，其內容仍以印刷品的形式流傳着。但這些內容在演講中卻是以另一種方式呈現的，它能間接地表達出它所來自且服務於的大全（das Umgreifende）。在演講中，語調、手勢以及思維活靈活現的呈現可以營造一種氛圍，這種氛圍只能通過口頭語言、通過演講而無法通過純粹的對話和討論顯現出來。演講的情境會在教師身上呈現出不在這種場合下便會自行隱匿的東西，此時，他的思想、他的嚴肅、他的震動、他的困惑，一切都發乎自然。他讓聽眾真正參與了他內在的精神生活。但一旦刻意為之，演講的巨大價值就會煙消雲散，剩下的只是裝飾、辯才、狂熱、做作的語詞、煽動和無恥。因此，一場好的演講並沒有一定之規，唯有將演講視為自己職業道德和職業生涯的至高點並且杜絕一切矯揉造作才是正道。（Idee III, 73 f.; ähnl. II, 54 f.）

我的演講和研討會絕不是獨斷的。因為我的研究仍在進行之中。習慣於順從的學生反映，我講課雜亂無章，好像一個從未受過哲學訓練的人。但另一些學生則為之着迷，因為他們在這種氛圍和可能性中發現了一個從未經驗過的世界。我的演講對於我來說是領悟的途徑，而不是對確定無疑的知識的複述。（PuW 315）

凡是我在人際交往、學院會議、報紙、街頭巷尾或旅行中的遭際，尤其是對我喜愛的人及其命運的沉思，都會

融入我的演說詞中，轉化為來源難以察覺的表達。在大哲學家那裏清楚意識到的東西，必須從眼前的真實事物中獲取。細微而看似偶然的事件，往往使人豁然開朗，頓悟其奧義。此項工作雖然在計劃和人為掌控之中，但還需要另一種因素，它的效用才能發揮出來：那便是夢。我時常眺望風景、仰望天空、觀察雲彩，常常坐着或躺着，什麼也不做。任幻想無拘無束地奔馳，唯有沉靜的思索才能使衝動發揮效用，否則任何工作都會失去目標，變得空洞繁瑣。在我看來，誰若不是每天給自己一點做夢的機會，那顆引領他工作和生活的明星就會黯淡下來。(PuW 317 f.)

通過**練習**，即借助工具和概念在具體語境中處理材料——自然與人工的作品、實驗與文獻——可以將方法化為己有。方法亦可隨參與者自身的原創性而擴展，這一點在手工藝中表現得尤為突出。在這裏，我們不再討論各個學科在運用技術手段時的相異之處。今天，我們在很多情況下仍然沿襲了教條的傳統，但那不過是課程的骨架。

練習應當能使學生直接接觸到事實和知識的根源。本真的教學與一般教學匠式的教學有根本差異，其中最大的差別在於：真正的教學總是間接地顧及整體，雖然偶爾也會搬出教材，讓學生知道什麼是應該複習的重點。但對於學生來說，最重要的是通過參與最新的研究工作來練習理解能力。學生需對書本上現成的事實和問題做一番徹底的研究，這種研究會激發他們的好奇心，如此，學問才不會

圍於純粹知識的範圍。純粹閱讀教科書使人昏昏欲睡，而固守某一對象又使人感到束手束腳，唯有兩相結合，才能相得益彰。

最後，討論也是教學的一種形式。在所有成員積極參與的小範圍討論中，原則性問題可以得到激烈的辯論，這為兩人之間一來一回的私下嚴肅討論奠定了基礎。教師與學生 —— 按照大學的理想 —— 是站在同一個層面的，他們共同致力於使精神在更清晰、更有意識的形式中把捉當下，彼此激發興趣，然後在各自寂寞的獨立勞作中取得客觀的成就。

大學教學不應以一定之規來約束，它總是帶有並非刻意為之的個人色彩。真正的個人色彩是通過理想專注於事實而顯現出來的。教師個人獨具的特色和當時教學的特殊需要，使得每次教學看起來都有所不同。

給一羣普通學生上課與給少數天資聰穎的人上課，情形迥然不同。大學不同於高中，高中應當教授和教育所有託付給他的學生，大學則無此義務。大學教育針對的是一些經過特殊選拔的學生，他們為異乎尋常的精神意志鼓舞，且具備足夠的資質。然而事實上，報考大學的是一羣受過高中教育、具有一定知識的普通人，因此，淘汰選拔的工作要由大學自己來完成。未來大學生最重要的品質應當是具有面向客觀性的意願和準備為精神追求接受任何犧牲的精神。但這些品質難以預先從即將進入大學學習的高

中生身上辨識出來。只有少數學生擁有這些品質，同時，這些品質又以一種完全無法預知的方式分佈在不同階層的人羣中。不過，它們可以被間接地培養並發揮作用。大學要想達到自己的理想標準，就應首先將精力傾注在這少數人身上。真正的學生，能在精神發展不可避免的困難和試錯中披荊斬棘，善於選擇的資質和自我約束的精神會指引他找到自己的發展道路。我們必須有足夠的心理準備來接受這樣一個事實，即：其他大多數學生會茫然不知所措，因為沒有了中學時代教師的耳提面命而什麼也學不到。像教學大綱、課業的其他技術性方案這類人工指導方法，是與大學的理念相抵觸的。有人說：來到我們這裏的大學生必須學到一些東西，哪怕是順利通過考試的技巧和知識。這個原則對於中學或許適用，但對於大學來說，則禍害無窮。

不過，大學教育也不能僅僅圍繞幾個最優秀的學生。埃爾文・羅德（Erwin Rohde）說：一百個學生中，有九十九個對老師的話不甚了了，而第一百個則可以不需要老師。如果事實果真如此，那真是無計可施了。科學研究依賴於少數人，而不是平庸之輩。大學教育不應只針對少數天才，也不應針對普普通通的大多數，而是應該面向這樣一些人：他們一方面能夠自立，能夠積極主動地處理問題，但同時也需要接受教育。

附帶教材的課程 —— 不同於中學教學 —— 或許是必不

可少的，但具有引導性的大學的做法有所不同。對於那些資質平平、學習積極性又不高的學生，開設一些難度稍許高於他們接受能力的講座和研討班，也勝過以過分簡化學習內容為代價換取他們的充分理解。除了參與課堂，獨立的閱讀與實驗室觀察、材料搜集與遊歷，也都可以作為學問的來源。一旦以最優學生的程度作為標準，一般學生也便會按照各自的能力竭盡全力。如此，所有人都會受到激勵，取得最好的成績。

設定教學計劃和教學秩序是必要的。對於初學者來說，循序漸進地聽課很重要。因此需要制定課程計劃，但這僅僅是以明晰性和可能性來幫助學生聽課的建議，不應限制學生聽課的自由。但若強制學生聽課和參與練習，大學的教育就墮落了。學校會成天想着如何取得良好的平均成績。在這條不利於大學發展的道路上，學生學習的自由與精神的生命被一併扼殺了。精神的生命是以無數失敗和挫折換取的偶然的成功，這是平淡無奇的作為所無法實現的。

無論是老師還是學生，一旦被束縛於課程表和教學大綱、考試和普通標準，就沒有什麼樂趣可言。一種缺乏創見而又令人沮喪的常識氛圍，或許可以令人掌握技巧和在考試中有用的事實性知識。但是，這樣一種氛圍也扼殺了真正的認識，扼殺了科學研究中的冒險精神，並且從一開始就背叛了此後的實踐。(Idee III, 74; ähnl. II, 55-58)

首先，教學被認為是課堂、教材、內容、知識以及參考資料。人們可以把哲學作為哲學史來學習，作為對概念的了解，但當它僅僅作為概念知識時，它們仍是僵死的，而且一旦人們開始認知它們，它們便處於待命狀態了。這一切都可以在課堂中實現。其次，是參與教師的思考活動，參與研究和調查方式。這些都是進入哲學思考之門的必經之路。用康德的話來說，我們不是在學習哲學知識，而是學習怎樣進行哲學思考。第三，自克爾凱郭爾以來所說的間接傳達，也就是把內心始終感受到卻難以直接言說的、引導個人精神前行的東西轉化為可言說之物。

　　我們將上述三個層次區分為：學習哲學知識、參與哲學思考、使哲學思考轉化為日常生活。問題是，其中哪一個層次屬大學？我認為，大學教學應兼顧這三個層次。若要使哲學真正地發揮功用，就必須通過哲學家為這三個層次的教學賦予活力。（P 27）

　　也是在這個意義上，康德於 1765 年對他的讀者寫道：學生應該學習的是思考活動，而不是思考的結果，「離開了輔導課的學生習慣於自主學習。他們目前應該學的是，進行哲學思考」。歷史和數學與哲學不同，它們是以一種完整的知識形式出現在我們眼前的、可學習把握的知識。「學習哲學，首先要有一套現成的哲學體系。比如，可以抱着一本書說，看吧，這裏面有智慧和可靠的理解！」如果「我們不去拓展年輕人的理解力、培養他們獨特的洞見，而是

將一套看似完善的世俗智慧（從中產生了某種科學的錯覺）教給他們」，那我們就誤用了教育制度。（GP 564 f.）

假如我能說什麼是哲學，那麼我也就無須再研究哲學了。哲學是一種整一的，照亮我們一切經驗、指引我們行為的事物，它時常以批判反思的目光注視我們與我們的感覺。它使我們有勇氣接受命運的安排以及我們自身的可能性。它教會我們直面現實中的幸與不幸，從別的方向上以通透的目光看待它們，而不是沉溺於其中。

這是不可教的。但哲學思考可以為之做準備。它為我們帶來一種難以名狀的內心狀態，姑且稱之為「哲學式的準備」。或許，我們可以甄選大哲學家的思想，在聽眾願意接受的時候以適當的方式講解這些思想，讓它們發揮作用。聽眾銘記於心的思想會在適當的時機化為一束精神之光，引導我們在黑暗中摸索前行。換言之，哲學之思開啟了我們與生俱來的生命之眼。（P 35）

6. 教學與學校

哲學思想活動之所以能存續兩千五百年之久，主要是靠幾位大哲學家，他們有各自獨一無二的標準，這是哲學活動的起源，也是它的巔峯。其他哲學家則以此作為思考的出發點。然而，只有他們帶着自身的原初性時，他們才能融入這個源頭。也就是說，只有內心帶着火花的人，才會被傳承下來的真理點燃。

哲思活動是真實性與原初性的結合，因此，哲學的真

理不可能被簡單地學習和接受。將哲學思想化為己有，本身既不代表進步也不代表退步，它是能夠喚醒自身的、具有繁殖力的哲學思想活動的現實性。

當我們在大哲學家身上尋找自身原初性的源頭，並通過其學說領悟內在的精神時，這種帶着個人色彩的哲思活動的表達，便會發展出一套系統的哲學，它絕不是大哲學家房間裏的一幅小畫；它是並非原創卻具有原初性的哲思活動的工具，是與大哲學家進行精神溝通的媒介。這樣的哲學在每個時代都要尋找它新的表現形式。凡是通過汲取和傳授而找到了自己的人，即使對那些曠世稀有的哲學家保持無條件的尊崇，也不會將自己與他們混為一談。

汲取的前提是將哲思活動當作客觀形象，而要理解認知工具，就要不可避免地使哲學成為一門學科，這樣一來，哲思活動就可能遭到悲慘的誤會。

大學涵蓋了所有學科，通過研究和理解活動來實現知識的可能性，把握一切事實與結構，其一致性與內在生命表現在每一位研究者與學者的哲學思考中。這「比科學更高」的東西能在科學中發揮作用並賦予其意義，使不同學科之間產生根本的相互關聯。大學的發展完全取決於這一整體的心靈對它的滲透。

因此，在大學裏開設哲學課程很有必要，它是保存科學和哲學傳統的條件。學校傳授概念、分類和定義，教授思想方法、闡釋學技巧和歷史知識。這是進行哲學思考的

前提，除此之外，教師還需提醒學生注意傾聽往聖先賢的聲音。哲學課並非哲學真理，而是提供一些準備條件，以便學生能夠通過智性的紀律獲得真理，並教會學生如何充分而精準地表達他所感知到的真實。

哲學教學是傳承哲思的形式，但它只是一種過渡形式。它來源於持續交流的歷史必要性，但若將真理作為一種功能，或是作為一種結晶的形態，那麼它就會使人誤入歧途。一旦哲學成了一種客觀可知的內容，它便走上了自毀之路。哲學思考在經過這一關時，每每有在一種空洞的客觀性中喪失其本源，從而拋棄其自身的傾向。

如果人們已傾向於在教學中尋找一些固定的東西，從自我存在的重負中解脫出來，那麼哲學一定就會使學校更加失去哲思活動的基礎。哲學可能墮落為這樣一種活動：人們憑藉哲學贏得聲譽、謀求職位 —— 哲學向來是社會科學機構中必不可少的職位。而那些不再冒險，不再同世界、他人以及歷史傳統發生真實接觸的人，便會把哲學當作一門固定學問，一門可以學習、可以通過智力操練而增益進而傳授的學問。

這種活動，作為歷史教材的傳統，作為對哲學煉金術之沉澱物（capita mortua）的保存，是必不可少的。但是，倘若在教學中將某些哲學流派構築為科學真理，那麼錯誤的端倪便開始滋生了。在這樣的教學中，學生與真正的哲學家失之交臂，卻自以為接近了真理。他們像引用自己的

「哲學學會」會員的言語一般引用先賢的話語，在謙卑的姿態中有一種確信，似乎哲學活動應當是片段式的，需要通過分工來推進。

但是，如果一個人是以創立學派為目的來做哲學的話，那麼他的思考就是無本之木。因為他不是將哲學視為一門科學去研究，而是誤認為只有自己才真正佔有了這門學問並將其帶上了正確的道路。他或多或少割裂了哲學與世界觀；在他看來，哲學是普遍性的主張，世界觀是其中之一；沒有世界觀，哲學仍是可能的。他要求旁人承認他的學說，彷彿其他人從事的都不是哲學。在他身上根本缺少能夠幫助他進行哲學思考的自我存在，他靠否定他人、保護自己而生活，他十分重視自己支持的事情；它必須保持為空洞之物，或是成為世上事物的個別學問。

即使一位教師以其原初性的哲學思考表達了一些言之有物的思想，但假如學生只是將教師的學說和方法全盤接受，那麼所獲得的也不過是一些表面的東西。哲學史對哲學思想之變遷的講述，結果也成了一些空洞觀念的運用和方法的遊戲。學生可以具有一種歷史功能，即保存一位大哲學家的作品，講述它；或是變換大哲學家的思想結構，為其思想的闡釋帶來新的啟示，在技術上將其拓展；或是在自己與大哲學家的本質之間做一比較，從而更重視自身的本質。遺憾的是，他們無法進行哲學思考，因為哲學思考是原初自由的自我存在的獨特表達。

一般來說，這種將哲學作為一門專門學問來傳授的學校會使教師形成一種態度，彷彿他們總是在許諾，卻從不兌現。因為他們無法將絕對之物的真理作為客觀知識來傳授。而學生則渴望從書本中一字一句地佔有哲學，並以此為滿足。但如果教師和學生都如此竭力地試圖抓住一些東西，哲學也就停步不前了，他們實際上一無所獲。

唯有那些作為原初自我存在的人才能在真正的哲學思考中相遇並緊緊聯結在一起。假如一個人冒着失敗的風險、向人跡罕至處無助地尋求把握整體中的本真之物，那麼他更有可能扛起哲學的大旗，而不是使之埋藏於一種迷信科學的職業態度的秩序慣例。如果說哲學傳授必然與學校教育相伴而行，那只是為了通過對思想技術的傳統的保障，引誘每一個初學者從哲學的起點上脫離出來，憑藉一己之力去冒險。哲學就是在不斷的迷失中不斷尋回自己。哲學不同於其他學科，它無法向旁人請教，而只能在哲學生活本身中獲得啟示。原初性的哲學思考者通過思考而獲致超越思考本身的自由。他們不願在探求關於一切，即存在本身的活動中，尋求勉強的知識。

因此，真正的學校應當營造一種哲學生活的氛圍。個人通過哲學思考來選擇他們親近的哲學家。這樣的學校不會以某一位大師的思想為準繩。人們聚集在一起，但每個人在本質上都是獨立的，使他們凝聚的並非某種價值，真正的團結是自由的。一個精神自由的人能辨認出另一個自

由的人，即使他與自己觀點相左。人們會找到哲學上真正的對手。即使兩人觀點針鋒相對，也始終彬彬有禮，他們渴望成為朋友。因為，在更深的層面上，他們同屬一個充滿自由可能性的共同體。這樣的學校延續了自古希臘以來西方哲學思考的氛圍。

在這樣的學校中，由制度所保障的哲學傳統仍是自由的；它並不意在以完整的學說形式流傳下去，而只是提供一些哲學的準備，希望能喚醒他人的自我。如果我們容忍那種一味尋求依附的學生習氣，哲學就墮落了。因為由自由的心靈所生發的對他人的愛只允許彼此間平等的交往，它是一切可能性的保障。(Ph 245-249)

二、陶冶與教育

我們在探討科學的意義時，遇到了一件比科學本身更重要的事，即科學的基礎和目標。它們無法從科學自身中尋求，卻引導着科學的進展。沒有它們，科學將變得空洞無物。

科學的意義在於，它是包羅萬象的精神的一環。它由個人的自我存在所孕育，歸屬於自足的、無所不包的理解力。

假如我們將精神、存在與理性的現實統稱為精神生活，那麼我們就可以說，以科學為其直接任務的大學的真正活動，在於它豐富的精神生活，大學借助有秩序的分工

合作從事科學研究，追求絕對真理。

科學世界的奧祕在於：科學的意義不是只憑理解力或看得見的成就就可以決定，它飄盪在科學世界的上空，從而超越了每一種有限知識的固定內容。大學的功用是運用各種方法激發精神生活，這是眾所周知的事實。人們對大學提出的陶冶與教育的要求，就是清楚的證明。（Idee III, 78）

大學教育在本質上是蘇格拉底式的教育。它不是教育的全部，與中學教育也有所不同。（Idee II, 50）

大學生是成年人，而不是孩童。他們已經成熟，應該完全能對自己負責。教授不會再給他們佈置作業，也不會針對個人進行指導。通過自我教育獲得內心自由是大學教育的至高善，它與歷史上聞名遐邇的僧侶教規和軍事專門學校的訓練格格不入。刻板的訓練和領導權威無法喚起學生原初的求知慾，它妨礙獨立個性的發展，而獨立的個性除了上帝以外，不承認還有其他真理的來源或紐帶。（Idee III, 86; ähnl. II, 50）

大學教育是一個潛移默化的陶冶過程，目的是為了獲得一種意義深遠的自由。它有賴於對大學學術生活的參與。

教育不是一項孤軍奮戰就能完成的任務。這也是為什麼在論述科學研究與教學不可分割的原則之後，我們必須立刻指出的第二條原則，即科學研究與教學也無法從作為一個整體的陶冶過程中分離出來。科學研究與職業教育都

具有教育學上的功效，這正是因為它們都不只是傳授事實與知識而已，而更是喚起一種統一性的意識，培養一種科學的態度。當然，培養精神上靈活的認知，相較於整全人格的培養，仍稍顯遜色。但即便如此，大學教育對於培養整全人格來說，仍是不可或缺的。

無論是不着邊際的還是僵化刻板的道路，都無法實現大學的理念。但就一個完整的人的形象而言，理性和哲思的印鑄起着決定性的作用，它們能引起人無限探究的慾望，並與一種獨特的陶冶聯繫在一起：它能提升一個人的人文素養，即羅馬人所說的 Humanitas：能聽取辯論，富有理解力，能兼顧他人的觀點來考慮問題，誠實，自律，表裏如一。（Idee II, 50 f.）

通常所說的技能培養（有別於全面陶冶）只是陶冶過程中的一環，其目的是培養人們勝任某種需要特殊知識和技能的特定職業。（Idee II, 33）

原初的求知慾反對自我滿足的、自以為已臻於完善而心安理得的單純教養；反對空洞的智性和無信仰的人生態度，因為懷着這般態度的人什麼也不願深思；也反對那些認為所謂知識就是將事物的結果學習吸收的平庸想法。唯有可推進研究的知識才能使原初的求知慾感到愉悅。這種求知慾追求可知事物的極境，直到踏上通往超越世界的跳板才感到心滿意足。（Idee III, 47; ähnl. II, 20）

然而，這種理想的自由生活也有其「危險的」後果。因為這種生活完全需由自己負責，學生被迫轉而仰仗自身

的力量。教師的傳授是自由的，因而，學生的學習也是自由的。沒有控制學生的權威和學業監督。大學生儘可在自由中墮落。人們常說，想要看到一代人的成熟，就必須讓年輕人經歷風險。當然，在經院式的教學中，狹義的學習方法練習也有其適當的地位，但是學生可以自由地選擇在多大程度上接受教師傳授的知識。從理念上看，教師和學生之間的結合含有某種蘇格拉底式的平等意味，雙方之間不存在權威等級，其注重的標準也是一致的。但這種關係以彼此嚴格的要求來維繫。它僅適合於自我選擇且能自我證明的精神貴族。我們一起工作，聽從共同的職責的召喚，彼此激發以期達到思想與技巧的最高境界。我們的敵人是悠閒舒適。我們對超越的事物懷有共同的原初渴望。對於那些以自身存在對我們產生巨大感召力的偉人的熱愛引領我們飛昇。但即使如此，師生間的結合仍是蘇格拉底式的。沒有誰會變成權威。即使是面對懸崖峭壁的沙粒，也是獨立而自由的；因為哪怕是沙粒，也擁有自身獨特的本質。承認某人是精神貴族只意味着他可以對自己提出要求，而絕沒有給他高人一等的特權。有一種基本意識將大學裏的所有成員 —— 教師或學生 —— 融合為一體，即彷彿受到一種共同的召喚去從事最偉大的事業，但另一方面始終承受着不知自己能否成功的壓力。因此，最好的態度是以此反躬自省，嚴以律己，同時，不必過分期待得到外界的認可。(Idee III, 86; ähnl. II, 52 f.)

三、交流

　　大學將投身於科學學習和精神生活的人們聚集在一起。Universitas（大學）的原初含義是教師與學生的共同體，這與它作為所有學科的統一體的含義是同等重要的。大學的理念要求人們懷着開放的心態彼此聯結，使個體在全體中獲得滋養。交流不限於科學專業範圍內部，還包括個人科學生活層面的交流。那麼，大學就應該為學者提供條件，使他們能與同行和學生一同開展直接的討論和交流。這種交流最終一定是蘇格拉底式的：向彼此提出富有挑戰性的問題，徹底敞開胸懷。

　　富有精神成果的交流可以是兩人之間友誼的形式，也可以是愛情與婚姻的形式。在此，我們不再贅述友誼對精神發展的重要性（比如格林兄弟、席勒與歌德、馬克思與恩格斯），也不再贅述婚姻對精神發展的重要性（比如謝林夫婦、約翰·密爾夫婦和勃朗寧夫婦）。我們只討論大學的任務。

　　大學是一個不計任何條件地探求真理的地方。一切研究都必須為探索真理服務。追求真理的強烈精神必然會在大學營造一種緊張感，而這正是大學發展的必需條件。這種有時導致精神鬥爭的緊張氣氛是有意義的，因為在對立中顯現出了一種普遍而全面的東西。真正的學者，即使在論戰最酣時，也會彼此保持緊密聯繫。

　　大學的師生對真理的探求可以不必承擔任何直接的實

際責任，他們只對真理本身負責。研究者為真理而鬥爭，但彼此之間絕沒有生活的競爭。他們的競爭表現在研究嘗試的層面，並不危及個人生活。

正因如此，一個人對於自己的觀念所產生的後果和自己觀念的現實應用承擔着更大的間接責任，無論這些觀念是對、是錯，還是對錯參半。觀念所產生的後果是難以預料的。然而，意識到這種無法預料的後果，卻可以使負責的思想者變得更加謹慎。黑格爾曾說：「理論工作具有比實踐工作更大的影響。革命一旦在觀念中完成，現實就不可能原封不動地維持下去。」尼采看到了這種責任，並為之戰慄，正是他以最激進、最具破壞力的形式將他的每一個觀念都投入到現實世界中。他為極端的魔法所陶醉、震撼，他向着時代的空洞吶喊，卻沒有聽到回聲。

有兩方面因素可以提高交流的質量：一是排除直接的此在之利益（Daseinsinteressen）的考慮，從而可以不受任何限制地進行實驗；二是承擔起思想的直接責任，這種責任，在交流的氛圍中比在孤獨的、沒有受到任何詰難的情形之下，會表現得更加強烈。

以真理為根基的表述和觀念都會在人們身上發揮作用。交流就是通過真理的效力來檢驗真理本身，它使得大學成為一個為真理而生活的地方。因為大學不是指揮所，它絕不可與那些按部就班的學校同日而語。

因此，大學中的精神交流方式就是，所有大學成員都

負有精神交流的義務。當大學成員謹小慎微地斷絕彼此之間的往來時，當交流僅僅成為社交禮節時，當實質的精神聯繫被日常俗套弄得模糊不清時，大學的精神生活就開始走下坡路了。有意識地反思交流的本質，或許可以促使交流的展開。(Idee III, 88 f.; ähnl. II, 59 ff.)

團體交往的氛圍，為孤獨的科學工作者提供了極佳的準備條件。(Idee II, 59)

1. 辯論與討論

在學術圈子裏，交流是通過討論來維持的。我們互相告知自己的發現，希望得到證明或是受到質疑。這種真正的交流，表現為雙方在某些特定問題上互不相讓，最後或許會發展為某種終極質疑。在此，我們對辯論和討論做一區分：

（1）在邏輯辯論中，總是預先設定某些固定的規則。依據這些規則以及矛盾律，我們就能合乎規範地推導出某些結論，擊敗對手。在中世紀就已發展出了一套辯論的規則，用於有組織的社會團體中。

在公開場合展開的辯論帶有智性角逐的色彩。大眾的情緒和關注點，在於誰能獲勝，而不是辯論的具體內容。自古以來就有數不勝數的邏輯辯論技巧，運用這些技巧的目的不是證實真理，而是征服對手。根據這樣一條原則：contra principia negantem non est disputandum（無論如何，都不能與否認辯論規則的人辯論），這種力量角逐型的辯

論 —— 它根本上無意於追求精神的完整性，而只着意於對邏輯形式的澄清 —— 最終總是無一例外地使交流戛然而止。

(2) 作為精神交流的討論沒有什麼最終原則，或是直到分出勝負之前都必須堅守的固定立場。無論是自己還是對方信奉的討論原則，都是在討論中逐漸形成的，雙方會逐漸明白對方真正的意圖。倘若先前的見解沒有什麼不清楚的地方，那麼，每個已建立的原則就會成為接下來的討論的起點。每一方都要澄清自己涉及的大前提，這樣，共識就會在討論過程中逐漸浮現。討論沒有終點，也無所謂勝負。那些似乎是「正確」的人，也會對自己的正確性心存疑慮。任何一個已經得出的結論都不過是前進路上的墊腳石。

真正沒有限制的討論只在無旁人在場的兩人之間才能展開。任何第三者都是干擾因素，容易將討論轉變為一場激發權力本能的邏輯辯難。不過，我們也可以在一個更大的圈子裏展開討論，讓其他人受益。這可以為兩人此後進行更深入的討論奠定基礎。我們可以闡明自己的觀點和立場，不同意見會相繼出現，但要注意，不要立即展開相互討論，這種討論只有在可以迅速交換個人意見的場合中才會富有成果。因此，多人討論也有其特殊的規則，不要重複自己已陳述過的觀點，以此來強調自己是「正確」的；也不應總是尋求最後的發言權，而應樂意讓別人發言，然後

認真地傾聽。(Idee III, 89 ff.; ähnl. II, 61 f.)

我們要學習彼此交談。這意味着，不要簡單地重複自己的意見，而要聽聽他人如何進行哲學思考。不要只顧發表主張，應該不斷考慮新的情況，聽聽旁人的陳述，然後形成新的見解。每個人都要細心體會如何從別人的立場來思考問題。我們甚至應該尋找與自己相反的思想，通過分析看到差異之中的共同點，這比一味固守自己的立場更重要。

一般來說，人們比較容易在衝動時做出決定性的判斷，卻很難冷靜地分析思考。人們往往因為固執己見而中斷了交流。持續地超越自己的思想，深入探索真理的本源，並非易事。固守一個觀點，的確省卻了思考的力氣，卻難以進一步深入下去。(HS 67 f.)

不過，我們也應注意到交談中可能存在的問題，即人們容易在交談的輕鬆氛圍中旁及一些無關緊要的內容，而不做任何決斷。同時，也很容易借助談話來減輕自己應當承擔的責任。

我們不應互相埋怨，而要協力尋找通往真理的道路。煽動性的言辭會降低一個人的可信度。不應侮辱他人，也不應以詆毀他人而自鳴得意。但是，同樣不要以沉默表示溫和，以欺騙安撫他人。在真誠的交流中，沒有什麼不能被提出來討論的問題，沒有理所當然的正確，更沒有維護情感的謊言。但是，最不能容忍的是以無理、輕率、挑釁的

判斷無恥地攻擊他人。要明白，我們是一個整體，當我們傾心交談時，必須感受到我們共同關心的事物。(HS 68 f.)

2. 合作：學派塑造

每一項學術成就根本上是個人成就。它是一種具有個性特徵的成就。然而，它卻可以通過多人合作錦上添花。合作是在交流中產生的，它讓每個人的鬥志、清晰性和期望達到極致：一個人的想法與另一個人的想法互相激發，就像球在兩人之間傳來傳去。

這種合作性的科學研究不同於集體性工作。集體性工作不妨稱為科學工業。某些東西之所以被生產出來，只是因為工程首領會如此這般地指揮工人；他們也會把工人稱為合作者，但其實工人不過是他們計劃鏈條上的一個個環節而已。

集體性工作也可以採取這樣的形式，比如大家在同一個部門工作，所有人都在同一個規劃之下，而每個人都針對一個特定的問題負責。最終的結果體現了每個個人的努力，共同的目標將它們融合為一體，而彼此之間的對話和批評使之變得更加清晰。

精神傳統的連續性體現在思想流派中：一種是對某位榜樣的模仿，通過引申、改變以及其他類似的做法使他的作品長遠流傳。另一種與科學的傳統有關，在這個傳統之下，學生與教師一樣獨立；因為這個傳統通常不是圍繞某個領袖的個人人格展開的，而是圍繞着一個小組展開。在

這裏，我們就會看到一個派別、一種或許會在幾代人中間流傳的思潮。在同一層次上彼此相遇的老師和學生都會在雙向的交流中受益。競爭促使他們最大程度地發揮自己的潛能。當某個人的想法激起眾人的反應，興趣也會隨之提升。競爭與嫉妒被轉化為一種客觀的競爭性熱情。

思想流派是自發形成的，它們無法被憑空製造。如果試圖這樣做，只會使人們變得矯揉造作而無所收穫。大量資質平平的人從事學術研究，已經推波助瀾地造成了如下兩種情形：一種是表面的、呆板的方法，這種方法簡單易學，看似隨處可用，因此，按固定的「計劃」來看，所有人都可以「共同工作」；另一種是純然形式化的「思想方法」，以及一些簡單易學的基本概念，在此基礎上可以學到衍生的新概念。

精神活動的源泉往往在最小的圈子裏湧現。少數幾個人，兩個、三個或四個，他們或是在一個研究機構中工作，或是在同一個部門，這幾個人在共同的觀念中為彼此之間的交流所激發，孕育出新的洞見。精神的火花在一羣朋友中間迸發，以客觀的成就證明了自身的價值，最後蔚為大觀，形成一種思潮。

作為整體的大學永遠不可能被這樣一種精神統一起來。這種精神只屬於一些小圈子。一旦這些小圈子開始彼此交流，大學也就變得富有活力了。(Idee III, 91 f.; ähnl. II, 62 f.)

但是，倘若學院採取了思想流派的形式，就會產生諸

多違背柏拉圖精神的現象。唯有當一所學校中的每個成員都具有獨立思考能力，老師與學生之間互不依賴，柏拉圖意義上的學派才會形成。若非如此，學生便會在某些事情上傾向於採取權威意見，攻擊他們反對的學派；或是缺乏必要的溝通便勉強接受意見，變得溫馴和盲目。學派本身蘊涵着反柏拉圖精神的元素，學派的興盛可以說是宣佈了柏拉圖精神的死亡。(GP 314)

最後，我們可以以不同的方式做一小結：公元6世紀，查士丁尼下令封鎖雅典的哲學學園，標誌着柏拉圖學園的終結；這是一個暴力的終結。此後，原初性的哲學思考成為一種學派，成為系統的教學。學派名義上是對哲學地位的提升，實際卻是哲學的又一次終結，因為，將哲學濃縮成有系統的教學本身便意味着哲學的休止。我們的境遇恰恰就是如此：似乎只要是學派，就難以避免這樣的結局。學派的生命力來源於初創者的哲學觀念，後者通過現存的作品持續發揮着力量，一次又一次地重生。在西方，這種情形出現在柏拉圖哲學中，此後又在奧古斯丁哲學以及少數幾種哲學中重現。這裏所謂的終結，事實上並非哲學本身的消亡，而是一種表現形式的結束。(A 31)

四、職業教育與整體知識

大學的任務是在學院的範圍內完成的，學院機構必不可少，然而它始終面臨着危險。

古老的實用課程（手工、泥工、畫工、生活指南、武鬥、政治藝術、一切職業訓練與特殊學校中的培訓）並未考慮到科學的整體性，也沒有考慮到知識的純潔性，而只是注重某種職業所需的特殊技能。與此相反，大學的科學課程則抱着科學一體化的想法，希望深入科學的根源，以便每一種職業都能在整體的科學中找到根基。每個時代的大學都必須滿足實用職業的要求，在這一點上，它無異於古老的、教授實用技能的學校，但是大學帶來了一種嶄新的觀念，那就是將實用知識納入整體知識的範圍之內。(Idee III, 101; ähnl. II, 74)

五、理論與實踐相結合

實踐沒有科學理論指導，就像航船沒有舵和羅盤。(PuW 250)

一味地大而論之，會使我們丟失現實感；而將注意力投注在過於具體的事物上，又會使我們迷失方向。即使是最微小的行動，也應與終極目標聯繫起來。唯有讓遙遠的地平線始終保留在我們的視野範圍內，我們才能邁出有意義的一步。(AZM 199)

抽象的力量賦予我們具體的洞見。但若將自己鎖在抽象的世界裏，就會與現實脫節。由於注重抽象概念，又普遍缺乏合理的思維訓練，如今政治家的作為似乎只會在前台活動。(AZM 292)

為抽象事物所操控，是此在的基本事實之一，我們唯有通過抽象概念才能看清事物。然而，我們也可以透徹地理解歌德所說的：「所有實際事物本身已是理論。」也就是說，當我們解釋事物時，總是不可避免地以某一概念作為大前提，唯有如此，我們才能看清事物的本質，進行思考並作出結論。理解了這一點，我們就會明白，我們藉以觀看事物的形式並非歪曲事物的有色眼鏡，而是洞悉真理的媒介。（AZM 293 f.）

　　哲學教師將已知和未知的事物傳授給學生，激發他們的現實感，使他們形成整體意識。他為學生提供一些啟示和指引，使學生對結論進行深入透徹的思考。但他並不意欲超越個人純粹思考能力的東西。（AZM 29）

　　在一個意義缺失的世界裏，哲學教師可以嘗試將實質性的、簡單的事物講述出來。但是思考並不等於行動，參與思考只是一種內心的準備活動，而真正的決定需要通過行動來實現。（AZM 7）

　　哲學教師應當關注那些願意獨立思考、能夠虛心聽取他人意見並一同思考的人。教師不應指定學生的道路，從而取消了他們繼續思考和發問的機會；也不應固守教條，而是應該將問題敞開。因為，重要的決定無法在思考中充分預期。決定不同於理論思考。理論思考可以給思想自由馳騁的空間，也可以在書寫者心中懸置，但其本身只是一種準備工作。（HS 366）

想要不經過學習就進行哲學思考是不大可能的，必須首先學習語言與典型的思維方式。但是，真正的哲思活動是在熟悉這些典型的思維方式、理論架構和定理之後才開始的，而這只有在個人本質的自我在場中才能實現。(PhN XXXI)

　　上述的思考就是我們所說的哲學思考。它使人找到了自我，改變了人的內心世界，並喚醒了原初的自我意識。而科學的意義正是來自這原初的自我。(PuW 318)（參見 *Vom Studium der Philosophie*〔《關於哲學研究》〕S. 318 ff.）

文獻縮寫對照表

A *Antwort. Zur Kritik meiner Schrift ›Wohrin treibt die Bundesrepublik?‹* München 1967

APs *Allgemeine Psychopathologie*, Berlin-Göttingen-Heidelberg 1959

AuP *Aneignung und Polemik. Gesammelte Reden und Aufsätze zur Geschichte der Philosophie*, München 1968 (herausgegeben von Hans Saner)

AZM *Die Atombome und die Zukunft des Menschen* (ungekürzte Sonderausgabe), München 1960

BRD *Wohin treibt die Bundesrepublik?* München 1966

EP *Existenzphilosophie*. Drei Vorlesungen, Berlin 1974

GP *Die großen Philosophen*, 1. Bd., München 1975

GSZ *Die geistige Situation der Zeit*. Fünfter, unveränd. Abdruck der in Sommer 1932 bearbeiteten 5. Aufl., Berlin 1960

HS *Hoffnung und Sorge. Schriften zur deutschen Politik 1945 bis 1965*, München 1965

Idee I *Die Idee der Universität*, Berlin 1923

Idee II *Die Idee der Universität*, Berlin 1946

Idee III *Die Idee der Universität*, Berlin-Göttingen-Heidelberg 1961 (gemeinsam mit Kurt Rossmann)

KS *Kleine Schule des Philosophischen Denkens*, München 1965

N *Nietzsche. Einführung in das Verständnis seines Philosophierens*, Berlin 1950

P   *Provokation. Gespräche und Interviews*, München 1969

PA   *Philosophische Aufsätze* (Fischer-Bücherei, Bücher des Wissens
           803), Frankfurt a. M.-Hamburg 1967

PGO   *Der Philosophische Glaube angesichts der Offenbarung*,
           München 1962

Ph   *Philosophie*, Berlin-Göttingen-Heidelberg 1948

PhN   *Nachwort (1955) in: Philosophie I*, Berlin-Heidelberg-New York
           1973

PuW   *Philosophie und Welt. Reden und Aufsäzte*, München 1958

PW   *Psychologie der Weltanschauungen*, Berlin-Göttingen-
           Heidelberg 1960

RA   *Rechenschaft und Ausblick. Reden und Aufsäzte*, München 1958

UZG   *Vom Ursprung und Ziel der Geschichte* (piper paperbag),
           München 1963

W   *Von der Wahrheit. Philosophische Logik.* Erster Band, München
           1947

譯後記

　　卡爾・雅斯貝爾斯（Karl Theodor Jaspers, 1883 — 1969）是德國存在主義哲學的傑出代表。他生活在一個見證了深遠政治變革的時代，終其一生伴隨納粹政治與歐洲文明戰後重建的歷史進程。1937 年，他被迫退休。1938 年，他的作品被禁止出版。1945 年 4 月 1 日，美軍入駐海德堡，使他與他的猶太妻子免於被驅逐至集中營的命運。*Was ist Erziehung?*（《什麼是教育》）是由赫爾曼・洪恩（Hermann Horn）自雅斯貝爾斯諸多著作中輯錄其談論教育的內容編纂而成。此書中的不少內容正是寫於德國經歷內外深重災難洗禮之際。在一個學生和學者共同體面臨着嚴峻挑戰的時代裏，雅斯貝爾斯以哲學家的身份對教育的核心做了一番深入考察，捍衛着教育的尊嚴。其論述包括理性與精神、科學與人文、生存與歷史、自由與權威等諸多議題，包含深刻的時代精神診斷。倘若用心聆聽，這些金石之言同樣可作為我們反觀自身處境的鏡鑒。試圖在這篇短短的譯後記裏概述讀者能從書中親自體會的內涵，或許不免越俎代庖，因此，僅就以下幾點稍作論述：

　　「唯有在思想領域、在理性的自由中發生了某種變化，行動才可能帶來救贖。如今一切具體的計劃都源於人類的

獲救或沉淪這一命題。」當人與世界的一切由知識建立起來的內容關係分崩離析之際，當人被賦予其存在意義的一切世界秩序所遺棄之時，雅斯貝爾斯指出，改善人類生存境況的條件並非政治行為，而是每個人都能接受教育並進行自我教育。而「教育首先是一個精神成長的過程，其次才是科學獲知的過程」，其內涵在於喚醒人的本質。正是作為可能性的人之「生存」(Existenz)，才是世界與歷史進程的本原。

教育是一種塑造，它使人通過歷史傳承而真正成為自身。雅斯貝爾斯認為，應當讓年輕人在歷史深處傾聽往昔偉大人物的聲音，在當下尋找過去與未來的交流。在過往的聲音面前，「日常生活不再黯淡無光，即使是最微小的行動也獲得了意義，讀、寫、算不再只是技能的掌握，它們本身也是對精神生活的參與」。帶着這樣的體認，個人與時間的關係才會逐漸成熟：回憶向其揭示生活不可磨滅的基礎，將來則向他展示出當下行為責任後果的空間。生命因此而變得整全。它有它的年歲、它的自我實現、它的成熟、它的責任和它的可能性。

個人影響歷史的方式或許就是以理性的交流使真理從中呈現。本真的教育應當促進「人與人之間無止境的、永不設限的交流」。蘇格拉底式教育就是一種典範：師生平等相待，以友愛之心切磋琢磨，共同走向本真的自我，讓真理在其中向他們敞開。雅斯貝爾斯相信，唯有在誠摯的信

任與理性的交流中顯現的真理才是能真正將人類聯繫在一起的紐帶。

雅斯貝爾斯對經驗科學的可能性與局限性同樣洞若觀火。自然科學「以其精確和整潔而居於科學之首」，它培養了人精確觀察的習慣。然而，對自然科學結果的盲目信奉，只會導致內涵豐富的整體為貧乏的世界取代，並斷送人類與大自然充滿活力的、生動的交往。「人文學者與科學家都傾向於認為自己的學科才是真正的科學。至今尚未有一種盡善盡美的教育理念能使人文主義與現實主義融會貫通，相得益彰。」事實上，無論是人文科學還是自然科學，都應當培養一種科學態度，即可以為追求客觀知識而暫時懸置自己的價值觀點，不偏不倚地分析事實，並保持懷疑和問難的能力，從而將知識成果轉化為實際的觀察、沉思和對周圍世界的把握。

《什麼是教育》中文版 1991 年由三聯書店推出，在當時對國內讀者了解雅斯貝爾斯的教育思想起到了重要作用。此次重譯，依據的是 1977 年 Piper 出版社的德文本 *Was ist Erziehung?*，從中選取《對教育的反思》、《對陶冶的沉思》以及《教育與大學》和《教育與傳統》的內容譯出。雅斯貝爾斯的語言看似通俗曉暢，但在翻譯過程中，我也感受到了困難。困難在於，如何將雅氏簡練的語言背後的深刻洞見以同樣簡練的漢語傳達出來。在翻譯過程中，我認真閱讀了 1991 年三聯版鄒進的譯本，以及其他雅斯貝爾斯

著作的中譯本，對前輩遺漏與失誤之處做了彌補和校正，對其譯筆精彩之處也偶有借鑒。譯文中或許難免有錯訛，還請方家指正。

童可依

責任編輯　鍾昕恩
校　　對　潘沛雯
封面設計　高　林
版式設計　龐雅美
排　　版　陳美連
印　　務　劉漢舉

教育經典叢書

什麼是教育 | [德] 卡爾・雅斯貝爾斯 著
童可依 譯

出版 / 中華教育

香港北角英皇道 499 號北角工業大廈 1 樓 B 室

電話：(852) 2137 2338　　傳真：(852) 2713 8202

電子郵件：info@chunghwabook.com.hk

網址：https://www.chunghwabook.com.hk

發行 / 香港聯合書刊物流有限公司

香港新界荃灣德士古道 220–248 號荃灣工業中心 16 樓

電話：(852) 2150 2100　　傳真：(852) 2407 3062

電子郵件：info@suplogistics.com.hk

印刷 / 中華商務聯合印刷 (香港) 有限公司

新界大埔汀麗路 36 號中華商務印刷大廈 14 樓

版次 / 2023 年 11 月第 1 版第 1 次印刷

©2023 中華教育

規格 / 16 開 (196mm x 130mm)

ISBN / 978–988–8860–64–7

本書譯文由生活・讀書・新知三聯書店有限公司授權出版